MIMIE MATHY

MIMIE MATHY

par
Mimie Mathy

HACHETTE / CARRERE

DU MÊME AUTEUR

À pas de géant, Carrère, 1986.

Pour Sébastien, Maxime, Clarisse,
Antoine, Ambre, Julien...
mes six premiers filleuls...
Je vous aime très beaucoup fort.

Merci à Colette Véron
qui a su me faire parler
pendant des heures...

Le hasard m'a faite comme ça.
Si j'avais eu le choix,
j'aurais pris un autre format.
Aujourd'hui, je ne changerais pas.

I

« Tu seras star ou rien ! Toi, je te préviens, tu n'as pas le choix, tu vas devenir une grande mais pas en jouant à la petite. »

Michel Fugain, septembre 1979, Nice, studio de La Victorine.

J'ai vingt-deux ans.

J'avais appris au cours de l'hiver précédent, par des copains musiciens de passage au VVF des Menuires où j'étais animatrice, que Michel faisait passer des auditions pour recruter des élèves « couillus », selon son expression, pour l'Atelier de comédie musicale qu'il montait.

Je suis une passionnée de comédies musicales américaines et lorsque j'ai vu des extraits du *Big Bazar,* ce spectacle a catalysé tout ce que j'avais envie de faire : ça me parlait, ça bougeait, c'était coloré, drôle, ça chantait, et c'était plein d'émotion. La troupe était géniale, des gros, des petits, des moches, des grands, des maigres... c'était peut-être ma chance. Un jour, je ferais quelque chose comme ça.

Je suivais Fugain au travers des émissions télévisées et j'achetais au fur et à mesure qu'ils sortaient ses albums *live*, enregistrés en direct et en public. Je connaissais par cœur le spectacle et toutes ses chansons. Lorsque j'avais un coup de mou – je choisissais de préférence les moments où la maison était vide, maman au marché et mes sœurs à l'école, mais il arrivait parfois, et même souvent, que la famille hilare me surprenne par le trou de la serrure, « elle nous fait le *Big Bazar* » –, je m'enfermais dans ma chambre, je mettais la musique à fond, et je me jouais le spectacle en play-back pendant une heure : mon lit figurait le public, Fugain me présentait, j'arrivais. Je connaissais et je jouais tous les rôles, masculins et féminins – avec une préférence pour le plus émouvant bien sûr. Je me faisais pleurer et je revenais saluer sous les applaudissements du public. J'étais sur scène !

J'avais assisté à deux des spectacles de Michel Fugain à Lyon, des années auparavant, et je lui avais fait part de mon désir de devenir comédienne. Je lui avais même présenté un numéro de claquettes ! Il m'avait gentiment, mais fermement, renvoyée à mes études. Mais là, on y était.

Fugain, c'était le sommet, je n'avais jamais eu envie de commencer par le bas, la chance se présentait, à moi de la saisir.

J'ai écrit dans la nuit une chanson, paroles et musique, avec un copain musicien, *P'tit bout,* que j'ai enregistrée. Je la lui ai adressée avec l'espoir insensé qu'elle lui plairait et qu'il me convoquerait.

Dix jours sans nouvelles. Je ronge mon frein.

Un jour que je suis en pleine animation, on me demande au téléphone : c'est Fugain en personne, la cassette lui plaît et il a envie de m'entendre.

Je plane sur un nuage : la porte entrebâillée commence à s'ouvrir ! Appel aux parents : « Je vais passer l'audition. »

Je prends le train de nuit pour Nice, légèrement angoissée. Le rendez-vous a été fixé au studio de La Victorine. Une trentaine de candidats entre dix-huit et vingt ans attendent. Les questions fusent :

« Et toi, qu'est-ce que tu as fait... ?

– Moi, je viens de la troupe X...

– Je chantais hier avec l'orchestre machin...

– J'ai pris des cours de comédie avec... »

Je suis atterrée : ils ont tout fait, avec les plus grands de la région, tout vu, sûrs d'eux-mêmes et de leur talent.

Ils ne sont pas dédaigneux à mon égard, juste indifférents. Toute petite dans mon coin, je me dis : « Mais je suis folle, qu'est-ce que je fais là, ce n'est pas possible, c'est une erreur. »

Michel Fugain et Stéphanie, sa femme, entrent. C'est ma plus belle revanche. Ils me voient, saluent tous les autres et se dirigent vers moi :

« Ah ! Mimie ! »

Et sur ce, Stéphanie et lui m'embrassent.

Ouf ! Je vous emmerde tous et je vous niquerai, me suis-je promis. Je suis moins catastrophée.

Pendant trois heures, il nous voit ensemble, puis séparément et à la fin de l'audition, il me prend à part :

« J'en garde quatre, tu en fais partie. »

C'est le tremplin pour entrer dans le métier.

Je suis prête à bosser comme une malade !

Vingt ans plus tôt.

1958. J'ai un an.

« C'est bien de l'achondroplasie.

– Que voulez-vous dire, docteur ?

– C'est simple, telle qu'elle est elle restera, elle ne grandira pas, elle ne dépassera pas 80 cm, sa tête grossira, elle ne marchera jamais. »

Tout était dit. Le ciel s'abattait sur la tête de mes parents.

Quelques jours auparavant, maman m'avait confiée à mamie Yette, ma grand-mère paternelle. Cette dernière, qui s'inquiétait un peu de la souplesse de mes pieds et de mes mains, avait profité de mon séjour pour m'emmener chez un spécialiste renommé. Il avait examiné mes mains et mes doigts que j'avais plutôt courts et avait confirmé ses craintes en posant un diagnostic d'achondroplasie. Il fallait me radiographier sur toutes les coutures.

Mamie Yette fut incapable d'annoncer la vérité à mes parents lorsqu'ils vinrent me rechercher, mais elle leur conseilla de consulter très vite un médecin : il y avait un problème.

De retour à la maison, papa et maman s'étonnèrent des radios prescrites, les membres inférieurs et supérieurs, le tronc, le thorax, la tête, etc., leur fille était superbe, en excellente santé, pourquoi de tels examens ? Le médecin de famille les adressa à un radiologue qui leur assena brutalement et sans nuance que j'étais atteinte d'une forme de nanisme liée à une malformation des cartilages. Un véritable coup de massue. Ils sont rentrés et, comme maman me l'a dit plus tard : « Je crois bien que nous nous serions jetés sous un camion. » « Si j'avais été seule, a-t-elle ajouté, je ne sais pas ce que j'aurais fait. » Ils ne s'étaient aperçus de rien et, aujourd'hui encore, ils ne comprennent pas leur aveuglement. Il est vrai que j'étais leur premier enfant et que, bébé, cette différence de taille ne se voyait guère.

La naissance avait été difficile, j'avais mis vingt minutes à pousser mon premier cri – je me suis bien rattrapée depuis –, on m'avait même ondoyée sur la table d'accouchement. L'optimisme fondamental de maman la poussait à penser que, si je m'en sortais, j'aurais un destin extraordinaire. Elle avait vu juste ! Le corps médical de la clinique avait bien remarqué qu'il y avait quelque chose d'un peu anormal, mais rien de catastrophique. Jamais le mot « nain » n'avait été prononcé, on n'avait rien dit à mes parents. À la consultation des nourrissons, où maman m'emmenait régulièrement, personne n'avait jamais fait la moindre remarque. Mamie Yette avait été la seule à remarquer que mes bras semblaient courts par rapport aux brassières. Mais comme l'explique papa, j'étais si gracieuse et si gentille que le sourire avait fait passer tout le reste.

Les jours qui suivirent furent terribles. Un prêtre de leurs amis vint passer la journée avec eux. Le soir-même, papa, qui était chauffeur-routier, partit en tournée pour vingt-quatre heures. À chaque étape, il appelait maman pour prendre des nouvelles et la réconforter.

Ils étaient assommés, mais un fait était certain : la famille faisait front. Ils ne se sont jamais posé la question de la responsabilité : était-ce elle ou lui, une famille ou l'autre ?

Les anciens, interrogés, répondirent qu'il n'y avait jamais eu de cas semblable dans la famille paternelle ou maternelle.

Il fallait affronter.

Ils consultèrent le professeur François, grand spécialiste lyonnais du nanisme, qui rentrait d'un stage de formation à Boston.

Que pouvait-on faire ?

« Mais vous allez la faire grandir, suppliait maman.

– Oui, elle va grandir un peu, elle atteindra 1,20 m, elle marchera.

– Mais vous allez faire quelque chose, elle ne va pas rester comme cela ? insistait-elle.

– Non, je ne peux rien. Mais prenez garde aux charlatans. »

Il se heurtait, lui comme eux, à l'impuissance devant ce chromosome inconnu. Il en pleurait même.

En revanche, il leur a affirmé que, dans le cas de parents « normaux », la maladie était congénitale et qu'il n'y avait aucune chance pour qu'un autre cas se produise. Il les a encouragés à avoir d'autres enfants. Maman nous a toujours dit qu'elle n'avait eu aucune angoisse pendant ses deux autres grossesses. Une première preuve de son optimisme forcené !

L'année suivante, j'avais grandi de dix centimètres. Le radiologue qui procédait aux séances de rayons prescrites par le spécialiste leur avait confirmé que je marcherais vers quatre ans. Les parents reprenaient espoir : ils ne s'imaginaient plus me traînant toute ma vie, avec une grosse tête de surcroît, dans une poussette !

Leur plus grande crainte était de passer à côté d'un traitement, de ne pas tout tenter. Ils étaient à l'affût de tous les soins possibles. Ils découvrent alors que les Suisses ont mis au point une thérapeutique susceptible d'apporter une amélioration en agissant sur les cartilages. Papa apprend à me faire les piqûres trois fois par semaine dans le ventre et dans le cou. C'est un de mes plus anciens souvenirs : la casserole sur le feu que j'associais à la piqûre qui n'était pas douloureuse, mais je détestais cela. J'avais alors trois ans. Et je hais toujours les piqûres.

On leur a parlé également d'une intervention qui consisterait, lorsque j'aurais atteint ma taille définitive, à ouvrir les intersections des membres inférieurs et supérieurs pour procéder à des greffes d'os. Il aurait fallu m'immobiliser au minimum un an sur un lit d'hôpital, pour tenter de gagner, peut-être, quelques centimètres. Aucune assurance quant au résultat ! Un cauchemar absolu. Ils ont catégoriquement refusé. « On fera tout pour qu'elle soit heureuse, disaient-ils, mais il n'est pas question de la charcuter et de tenter des expériences sur elle. » Cette opération a d'ailleurs été remise en cause depuis.

Le temps passait et la petite que j'étais grandissait tout doucement. Comédienne dans l'âme, j'ai profité d'une réunion familiale pour quitter les bras de papa et traverser la cuisine en diagonale devant la famille au grand complet. J'avais dix-huit mois et je marchais, quel talent ! Pour mes parents, ce souvenir reste extraordinaire, la vie s'ouvrait, les pronostics pessimistes s'éloignaient.

Mon intelligence se développait normalement, je séduisais tout le monde.

Je n'ai pas le souvenir qu'on ait jamais abordé directement le problème de ma taille. Personne n'a jamais prononcé le mot « nain » dans mon entourage. Maman garde en mémoire une question que j'aurais posée – je devais avoir six ans – parce que, au contraire de ma petite sœur, je ne pouvais pas atteindre les commutateurs électriques : « Pourquoi Marie qui est plus jeune – elle avait trois ans – peut le faire et pas moi ? »

Elle m'a expliqué que mon plus jeune oncle, frère de mon père, était en fait plus grand que papa et que l'âge ne voulait rien dire. La réponse m'a apparemment satisfaite. On en est restés là.

Un enfant a fait, le premier, allusion à ma taille. Plusieurs mamans s'étaient organisées pour assumer les conduites à l'école à tour de rôle. Un soir en rentrant, l'un des gamins, Jean-Paul, avec qui j'avais dû me disputer, me dit :

« D'abord tu es une naine et je t'appellerai toujours la naine. »

C'est la première fois que le mot a été prononcé devant moi. La maman, horrifiée, est venue le soir-même, sans le dire à son fils, avertir la mienne de l'incident. Elle espérait que je ne serais pas trop traumatisée.

Ce ne dut pas être le cas, car je n'en ai jamais parlé à maman et je n'en avais gardé aucun souvenir. La « grande saucisse » qui me servait de voisin avait raté son coup !

J'ai la chance d'être née dans une famille nombreuse. Mon père a un frère et deux sœurs, ma mère une sœur. J'ai deux sœurs plus jeunes, et belles comme le jour. Nous sommes seize petits-enfants du côté paternel et cinq du côté maternel, tous unis par une immense affection. Les réunions familiales sont toujours un bonheur.

Mes grands-parents paternels étaient boulangers-pâtissiers dans l'Ain. Ils ont l'un et l'autre joué un rôle important dans la Résistance. La boulangerie était un relais pour les hommes et une cache pour le matériel. Tous les planchers et toutes les dépendances avaient été doublés pour entreposer des armes, des couvertures, des munitions. L'action, l'annonce d'un parachutage, était déclenchée par un message de Radio-Londres, au moins une fois par semaine, dont papa se souvient encore : « Nous mangeons le cochon ce soir trois fois. » Papa avait à peine neuf ans au début de la guerre, quatorze ans en 1945. Tout se passait à son insu, seul moyen de protéger la famille, jusqu'au jour où il a surpris à son retour de l'école un tas de couvertures qu'on n'avait pas encore eu le temps de cacher. Ma grand-mère l'a mis dans le secret en exigeant de lui le silence absolu, c'était une question de vie et de mort.

Pépé ne nous a jamais parlé de cette période. Il avait été mêlé à des actions très dures. Son chef de réseau avait été pris par les Allemands, fusillé, achevé à bout portant et laissé pour mort alors que lui-même était caché dans un fossé voisin avec un camarade. Ils avaient constaté après le départ du peloton qu'il était encore vivant, l'avaient soigné, sauvé. Pépé avait été pris deux fois au cours de parachutages dans des embuscades où il lui avait fallu tirer. Il y avait eu mort d'hommes. La mort d'un homme, même ennemi, était pour lui un acte terrible. Le 14 juin 1944, il avait échappé de peu à la rafle de tous les hommes du village : la boulangerie était fermée. Il n'avait pas répondu aux coups frappés à la porte. Cela lui avait sauvé la vie. Il ne serait pas revenu.

L'arrivée des Américains s'accompagna d'une floraison des étiquettes de maquisards, pas tous des engagés de la première heure, les FFI, les FTP, les FTPF... Papa se souvient d'avoir vu pépé prendre son matériel, un colt et quelques insignes distinctifs, rentrer et dire à sa famille : « C'est terminé. » Il n'a plus jamais évoqué ces années-là. Le général de Gaulle était quelqu'un d'important pour lui, pour la liberté, mais du jour où la politique s'en est mêlée, il s'est retiré.

Cette histoire fait partie de la culture familiale. La rigueur, l'engagement, le sens du devoir, le courage et l'humilité. On agit et on ne discourt pas. Mon père a gardé une immense admiration pour cet engagement de ses parents et une interrogation pour lui-même : « Dans une situation semblable, qu'aurais-je fait ? » Et moi donc !

Peu de temps après la guerre, mon grand-père fut grièvement blessé par l'explosion du four de sa boulangerie.

Les nouvelles techniques des soins aux grands brûlés apportées par les Américains ont permis qu'il n'en soit pas trop marqué physiquement.

Après l'accident, mes grands-parents abandonnèrent la boulangerie et prirent un stand de confiserie, berlingots et gaufres, sur les fêtes foraines : la vogue. Du côté de ma grand-mère, sa sœur, ses neveux étaient du métier, ils se retrouvaient donc en famille.

Les moments passés avec eux restent parmi mes meilleurs souvenirs d'enfance. Les grands-parents étaient très occupés. Lors des périodes de fêtes, nos parents se relayaient pour les aider, mais mamie Yette s'arrangeait pour prendre les cousins deux par deux par tranche d'âge. Nous avions un sentiment extraordinaire de liberté. Nous connaissions tout le monde et nous avions accès à tous les manèges que nous aidions à monter, aux avions, aux autotamponneuses, tout ce dont rêvent les gamins. On vivait dans le camion-caravane, on mangeait dehors, on parcourait la ville. On jouait à la vendeuse, on encaissait. Mamie Yette nous aidait à grandir en nous chargeant d'une responsabilité. Ce bonheur total a duré une dizaine d'années.

Je suis très proche de ma grand-mère. Nous sommes du même signe, Cancer, très attachées aux preuves de tendresse, à la famille. Je ne risque pas d'oublier son anniversaire, elle est du 7 juillet, je suis née le 8, ça nous a rapprochées. Elle aurait sûrement rêvé d'une vie plus dorlotée, d'un mari qui lui aurait ménagé des surprises, mais elle a trouvé des échappatoires, comme par exemple la rédaction d'un petit journal local. Elle vit maintenant dans une maison de retraite médicalisée où elle a son indépendance. Depuis le décès de mon grand-père, en novembre 1993, elle s'est organisée une vie « mondaine », tournois de scrabble, dîners. Elle est très entourée par ses quatre enfants, qui ont pour elle une immense tendresse et de la reconnaissance pour la manière dont elle a conduit la barque familiale.

Mon père a joué très jeune le rôle de chef de famille pour aider sa mère. Il a acquis un sens des responsabilités exacerbé, une rigueur et une sévérité parfois excessives. Mais il nous a communiqué, à mes sœurs et à moi-même, une formidable volonté : il ne faut pas avoir peur de travailler pour obtenir ce que l'on veut et si on veut quelque chose, il n'y a rien de tel que de tout faire pour l'obtenir ! Papa a commencé comme chauffeur-routier, puis, à la naissance de Marie, il est entré comme manutentionnaire dans une entreprise lyonnaise. Il a terminé au poste de directeur des services transports de cette même usine. Nous l'avons toujours vu travailler comme un fou, animé par une idée directrice : « Si on veut, on peut. Si je n'y crois pas, les autres n'y croiront pas non plus et il faut convaincre les autres qu'on a raison d'y croire. »

Mes grands-parents maternels, eux, étaient lyonnais. Ma grand-mère Gaby était ouvrière dans une usine de lingerie où elle a terminé contremaîtresse avec quatre-vingts femmes sous ses ordres. C'était une femme extraordinaire qui a toujours travaillé. Pendant la guerre, les femmes ont pris la relève des hommes. Elle s'est très vite imposée comme une femme de tête, une meneuse respectée. Femme droite, le cœur sur la main, elle avait une passion pour les cartes qu'elle a communiquée à maman. Elle avait dû tenir un tripot dans une autre vie ! Elle nous a appris toutes sortes de jeux, rami, crapette mais elle n'hésitait pas à tricher pour nous permettre de gagner. Fabuleuse, toujours pimpante, elle habitait en plein cœur de Lyon, au cinquième étage d'un vieil immeuble sans ascenseur, ni salle de bains. Elle refusait les travaux d'aménagement autant que le téléphone : nous devions appeler sa voisine pour avoir de ses nouvelles. Elle était la mamie qui glissait un billet en douce pour notre plus grande joie. Amoureuse de Jacques Chaban-Delmas lors de la campagne présidentielle, fervente lectrice de *SAS,* elle avait un optimisme à toute épreuve dont maman a hérité, une mauvaise passe est toujours suivie d'une bonne. Elle voyait le bon côté des choses. Pour maman, comme pour elle, la vie est rose. Elles sont sans rancune, toujours contentes de tout. J'ai hérité de l'une le côté meneur, de l'autre l'optimisme. Elle est morte en 1980 d'une congestion cérébrale. Ce fut mon premier déchirement.

Mon grand-père, pépé Marcel, était un artiste. Il avait une passion pour l'acrobatie. Il avait mis au point des numéros de « main à main », le premier acrobate porte un homme qui lui-même en porte un deuxième et ainsi de suite, d'une précision et d'une finesse extraordinaires. Il avait une grande rigueur dans son métier. Les Athénos, c'était le nom de sa troupe, se sont produits avant-guerre sur les plus grandes scènes – allemandes, françaises, africaines – des cabarets et music-halls. Une grave maladie interrompit sa carrière et l'obligea à se reconvertir en imprésario après la guerre. Il eut dans son écurie Mick Micheyl, Jacques Hélian et bien d'autres. Il refusa, en revanche, les Compagnons de la chanson... L'intuition, là, lui fit défaut ! Il mourut en 1959 d'un cancer du poumon.

Maman a eu une enfance heureuse. La vie de ma grand-mère qui se dépensait sans compter entre ses filles et son métier lui fit sans doute souhaiter que la sienne soit plus calme. *A contrario,* elle a choisi, après ma naissance, d'être une mère de famille à la maison. Il est vrai que je posais des problèmes, mais elle aimait tenir sa maison, en faire un lieu de calme, être attentive à son mari, à l'ombre de qui elle vit, et à ses filles. Tâche ingrate car bien souvent non reconnue. Mes sœurs et moi aurions parfois souhaité avoir une maman qui travaille, sans doute pour avoir plus de liberté comme nos copines ! Elle était toujours là : nous étions, nous, enviées.

II

L'un de mes premiers souvenirs d'enfance, nous devions avoir six ou huit ans, est associé à ma cousine Dominique, la fille aînée du frère de papa.

Nous sommes les grandes, les deux aînées, des seize petits-enfants de mes grands-parents paternels. Nées à quinze jours de différence, nous sommes très complices. Dominique est aussi mince et grande que je suis petite et enveloppée. Nous avons partagé les jeux, les poupées et les discussions. L'une d'elles nous a entraînées dans des considérations métaphysiques à propos du Père Noël. Quelqu'un a soutenu à Dominique qu'il n'existe pas. Comment est-ce possible ? On en parle à la télévision, à la radio : personne n'oserait dire qu'il existe si ce n'était pas vrai ! On ne ment pas aux enfants sur un tel sujet ! Nous discourons dans notre chambre. En désespoir de cause, nous allons interroger nos mamans :

« Dites-nous la vérité.

– Vous êtes grandes, les filles, le Père Noël n'existe pas, mais ne le dites pas aux petits. »

Nous avons eu ce jour-là le sentiment d'entrer dans le monde de ceux qui savent. Nous avions franchi une étape, et maintenant il fallait préserver ceux qui étaient derrière. Nous ne nous sommes pas dit que nous avions été trahies pendant dix ans mais que nous étions assez mûres pour le comprendre. Merci de votre confiance !

Dominique avait un oncle, tonton Babbé, curé de campagne. Nous avons passé chez lui des journées inoubliables. Une de nos grandes occupations était l'entretien du cimetière. Le tonton nous envoyait jouer et nous en profitions pour rétablir l'équilibre entre certaines tombes très fleuries et d'autres à l'abandon : nous prélevions quelques fleurs sur les plus ornées pour les disposer sur les autres. Nous triions dans le petit tas d'ordures les fleurs qui étaient à peu près fraîches pour en faire des décorations dans le cimetière.

Notre jeu n'avait rien de macabre, bien au contraire, nous voulions tout simplement donner un air de gaieté à ce lieu. Nous n'avions pas peur de la mort car nous ne l'avions pas encore vécue à travers ceux que nous aimions. Beaucoup plus tard, vers treize ou quatorze ans, j'ai été très angoissée par cette idée. Je me couchais avant tout le monde parce que je ne voulais pas m'endormir quand la maison était noire, et je ne fermais jamais les yeux sans avoir dit : « Mon Dieu, faites que tout aille bien et que je me réveille demain. » J'ai peut-être focalisé sur cette peur l'angoisse de tout ce qui me restait à accomplir : je voulais faire tant de choses. Cette peur a duré un an.

Mais alors, dans l'insouciance de l'enfance, Dominique et moi galopions joyeusement dans les allées du cimetière, préoccupées seulement de remplir au mieux notre tâche.

Dans l'église, nous procédions à des reconstitutions de cérémonies religieuses auxquelles nous participions dans notre vie quotidienne. L'une jouait le rôle du prêtre, l'autre la mariée, la demoiselle d'honneur, la communiante... Il n'y avait là rien de sacrilège ou de provocateur. Nous revivions à notre manière ce dont on parlait tous les jours autour de nous. Tonton Babbé a eu l'intelligence de comprendre et de respecter nos « imitations » de vie religieuse.

Nous avons tous été élevés dans la religion catholique qui est une tradition familiale. Mes parents sont pratiquants, ils vont à la messe le dimanche, et ils ont une foi réelle. Lorsque nous étions jeunes, ils étaient très investis dans la vie paroissiale. Pour papa, il s'agissait d'un engagement profond. Il a longtemps appartenu au Secours catholique, dans sa jeunesse il passait les fêtes de Noël avec les déshérités, il s'était impliqué dans les Compagnons d'Emmaüs. Maman était issue d'un milieu moins pratiquant, mais, comme en beaucoup de choses, elle a suivi papa.

J'ai deux souvenirs particuliers. Papa dirigeait la chorale de la paroisse. J'ai chanté mon premier solo à douze ans devant six cents personnes. Émotion : je me suis effondrée en larmes à la dernière note ! L'autre est celui de ma communion solennelle. Nous sommes parties trois jours en retraite, trois jours de rires et d'amusements. J'ai revêtu l'aube le jour dit et, comme j'étais la plus petite, je marchais en tête de la procession. J'entamais ma carrière ! Quel fabuleux spectacle, avec répétition la veille !

Pour nous, la messe était une obligation. Nous en avons beaucoup discuté avec les parents. Ils ne prétendaient pas détenir la vérité, il n'y avait ni menaces d'enfer, ni exclusion, simplement : « Quand vous serez grandes, vous ferez ce que vous voudrez. Pour l'instant, on vous élève comme cela, c'est tout, vous choisirez après. » C'était une forme de discipline également car dans nos réticences entrait aussi la paresse, le dimanche est le seul jour de grasse matinée !

Vers quinze ans, mes sœurs et moi avons décroché. Beaucoup de choses me heurtaient. « Comment, disais-je à papa, pouvez-vous aller à la messe et ne pas inviter un pauvre le soir de Noël ? » Maman acceptait parfois en grognant les arrivées à l'improviste de nos copines : ce n'était pas prévu, il n'y avait rien dans le réfrigérateur... Alors qu'en fait il y avait toujours assez. Où était l'autre, le prochain, dans ses réactions ? Comment pouvait-on prier le dimanche et ne rien faire à côté ? Il me paraissait y avoir un abîme entre ses idées, les mots et les faits. Dès mon enfance, j'ai modifié les paroles des prières en fonction de ce que je voulais. Il m'était impossible de dire : « Que ta volonté soit faite sur la terre comme au ciel », je disais : « Que ta volonté ne soit pas faite... » Ces paroles m'énervent encore quand je pense aux catastrophes naturelles, tremblements de terre, inondations... Si c'est sa volonté là-haut, j'aime mieux changer !

Si mes parents ont toujours fait montre de tolérance et d'ouverture à la discussion, en revanche, je ne trouve pas que la religion catholique en fasse preuve : elle condamne.

J'ai beaucoup attendu de l'élection de Jean-Paul II. Je pensais qu'il allait me réconcilier avec la foi. Il était jeune, sportif, c'était un montagnard, un homme de terrain. J'imaginais que la force de sa parole aurait un impact extraordinaire auprès des jeunes... Et puis, comme beaucoup, j'ai été catastrophée. Comment peut-on proférer des paroles comme les siennes, interdire le préservatif et prôner la chasteté en Afrique où le sida ravage des ethnies entières ? En Asie, en Amérique du Sud où les problèmes de natalité prennent des proportions cruciales, où les enfants sont voués à la prostitution ? Il existe un énorme décalage entre la vie, le monde actuel et sa parole. Peut-on se boucher les yeux et les oreilles à ce point ? L'évolution de la liberté en matière de sexualité ne doit pas forcément mener à des conduites désordonnées, mais faut-il pour autant condamner ?

J'aurais voulu appartenir à une famille juive. La religion catholique est pour moi l'une des plus tristes au monde, en tout cas telle qu'elle est dispensée chez nous. Ce ne sont qu'interdits, préjugés, condamnations et apologie de la souffrance.

C'est à Harlem, récemment, que j'ai compris ce que pourrait être la religion catholique vécue dans la joie. La messe commençait à 11 heures et s'achevait vers 17 heures. Elle était vécue comme un véritable partage, une fête. Chaque fidèle serrait la main à son voisin, émettait son souhait. Tout le monde chantait, accompagné à la batterie. Certains entraient en transe, on tapait dans les mains, on s'embrassait, on participait. On applaudissait à la fin de chaque chant. Les fidèles intervenaient s'ils avaient quelque chose à dire, une pensée à formuler pour quelqu'un. C'est l'anniversaire de Marie-Louise, elle est parmi nous : « *Happy birthday,* Marie-Louise ! » Nous étions deux, ma copine Evelyne et moi, au milieu de cette communauté en majorité noire. C'était formidable, j'y serais bien restée toute la journée.

Chez nous, l'échange est un vain mot, le prêtre fait son show face à un public qui ne participe pas. Depuis le temps de mon enfance, rien n'a évolué. Dans les rares cérémonies auxquelles je prends part, messe de minuit, mariages, baptêmes, enterrements, rien n'a vraiment changé. Il est vrai que certains prêtres ont une approche différente. Par exemple, celui qui a marié ma sœur Frédérique, et qui m'a enseigné le catéchisme lorsque j'étais gamine, a un langage mieux adapté au monde actuel : « Soyez ouverts, aimez-vous et regardez les autres. » Mais fondamentalement, je n'accroche pas trop !

Le sida est un problème qui me touche particulièrement : c'est un des fléaux actuels les plus graves. Je ne peux accepter l'idée, véhiculée par certains mouvements, qu'il est une punition divine : laissons passer l'orage, quant aux millions de morts, ils n'avaient qu'à vivre une autre vie. Je ne comprends pas la position adoptée par l'Église, elle me révolte. Pourquoi, dans le respect de Dieu et de l'homme, les autorités de l'Église ne se réunissent-elles pas à Rome pour faire un constat et étudier les mesures à prendre ? Je suis convaincue qu'elles auraient un effet dans le monde entier... Dieu n'a pas dit : « Mourez en vous aimant », il a dit : « Aimez-vous. » Il n'a pas dit : « Il faut se marier pour s'aimer », Marie et Joseph en sont la meilleure preuve. Pourquoi avoir imposé, au XIXe siècle, ces règles qui ne sont pas dans l'Écriture ?

Aujourd'hui, j'ai perdu la foi en Dieu. Comment dans notre monde croire à une puissance divine ? Tant de violences, tant de morts, tant d'enfants victimes.

Je veux garder foi en l'homme.

Ma vie sociale, si je puis dire, a commencé en 1960, avec la rentrée scolaire, comme pour tous les enfants. Marie était née quelques mois plus tôt. Papa m'a accompagnée pour la première fois à l'école. J'étais fière de mon cartable et nullement angoissée, et j'étais surtout enchantée de me faire de nouveaux amis. Lui était ému, plus que les autres parents peut-être, de ce premier contact et de lâcher un si petit bout de fille parmi les fauves. Mon tempérament de meneuse et de « rassembleuse » m'a fait prendre la tête de la classe, et je suis très vite devenue chef de bande.

J'ai sans doute affronté quelques questions mais j'en ai posé d'autres. Et puis à trois ans, la différence de taille est moins sensible qu'à vingt ans !

En 1964, nous étions trois filles à la maison. Mes parents ont déménagé en cours d'année, ce qui a impliqué un changement d'école. Ils m'ont présentée à la directrice et aux maîtresses averties de mon apparence. Les « comme elle est petite, mais comme elle est mignonne » ont fusé. On y prend vite goût !

La maîtresse m'a emmenée dans la classe et m'a présentée aux enfants : « Vous allez avoir Michèle avec vous toute l'année, elle est un peu plus petite, mais ce n'est pas la peine d'en parler », et elle me fit asseoir au premier rang. Erreur fatale que commettront tous mes professeurs. Assise, je suis de la même taille que les autres et comme je suis dissipée, j'entraîne la classe. Dès qu'on a pris ma mesure, je me retrouve au troisième rang ! Les enfants avaient été tellement prévenus qu'ils m'ont accueillie sans problème. J'avais des bras, des jambes, tout allait bien. Le corps enseignant guettait la réaction des élèves à la récréation mais, là encore, j'ai entraîné tout le monde.

C'est à cette époque-là, j'avais huit ans, que papa a été complètement rassuré sur mon caractère. Chaque année, il nous emmenait en vacances. Nous avions goûté l'année précédente aux joies du camping avec Frédérique qui n'était qu'un tout petit bébé. Maman n'avait apprécié que modérément. Cette année-là, les parents décidèrent de louer, par correspondance, une maison en Lozère, au Malzieu. Elle répondait à tous les critères, superbe deux pièces-cuisine, confortable, jardin privatif, située à 1 000 m d'altitude et non loin d'un point d'eau aménagé pour la baignade. Le rêve. Hélas ! la réalité était bien différente, c'était sordide. Papa s'est mis en quête d'un autre lieu et a découvert les Villages Vacances Familles, où nous ne devions plus cesser de passer nos vacances. Ce VVF présentait l'avantage de louer des bungalows.

La Lozère m'a permis une fois de plus de bien montrer à la population que j'avais décidé d'assumer ce que j'étais. Nous sortions de chez le boucher. Trois femmes bavardaient sur le trottoir. Elles se sont arrêtées de discuter, m'ont suivi du regard. À cette époque, la moindre réflexion à mon égard mettait papa hors de lui. Il réagissait, prêt à cogner et c'est souvent moi qui l'arrêtais. Nous avons fait une dizaine de mètres, je lui ai lâché la main et j'ai dit : « Attendez. » J'ai rebroussé chemin et je me suis plantée devant les trois femmes. J'ai fait un tour sur moi-même comme l'aurait fait un mannequin : « Vous avez tout vu, mesdames ? », et je suis partie. Les commères sont restées sans voix. Je crois que ce jour-là mes parents ont commencé à penser très fort que je m'en sortirais. La question qu'ils se posaient – « que fera-t-elle de sa vie ? » – trouvait un début de réponse.

Lorsque je suis entrée en sixième, mes parents m'ont présentée à la directrice du collège, comme cela se faisait, quelques jours avant la rentrée. Elle a fait sortir tout le monde de son bureau, moi compris, et seule avec eux leur a dit : « J'ai un fils comme Mimie. » Elle leur a demandé de les rencontrer, elle et son mari, chez eux en privé. Ils avaient abordé la « différence » en intellectuels et en mathématiciens. Il était inspecteur d'académie, elle directrice de collège. Ils tenaient un fichier depuis la toute petite enfance de leur fils avec toutes ses mensurations, prises semaine après semaine. Ils lui avaient fait redoubler une classe dans l'espoir qu'il grandirait... Ils ont interrogé mes parents sur leur manière de voir les choses et leur ont demandé des conseils puisque j'étais un peu plus âgée que lui. « Jetez au feu le dossier, a répondu papa, et laissez-le vivre, qu'il grandisse ou non. » Ils étaient partis dans une autre direction en l'enfermant en lui-même, sans lui donner de frère ou sœur. Ils en avaient fait un être à part. Je ne voulais pas être différente, nous retrouver ensemble c'était renforcer cette idée. À deux, on fait vite ghetto. On m'interroge souvent sur la taille des autres membres de ma famille... j'ai même reçu des scénarios dans lesquels plusieurs nains vivaient ensemble. C'est vrai que les gens de petite taille ont souvent favorisé cette image qui me déplaît et notamment les gens du cirque, en se regroupant.

Mes parents ont eu l'extraordinaire intelligence de ne pas intellectualiser, ils n'ont pas fait de théorie. Ils ont accepté le fait tel quel. Ils ont refusé de m'enfermer dans un ghetto familial ou en moi-même. Au sein de la famille qui était unie et vivante, personne n'a jamais fait cas de mon « problème ». Ils m'ont donné un environnement normal, j'ai eu autant de taloches et de câlins que mes sœurs, l'exigence et la rigueur étaient les mêmes, pas de favoritisme. Je jouais bien sûr de ma petite taille lorsque, par exemple, je ne pouvais atteindre quelque chose... « Prends un tabouret », me répondait-on. J'avais plus de succès dans les files d'attente de cinéma. Je me faufilais en tête de la file avec un air pitoyable – qui aurait osé refuser de laisser passer une malheureuse comme moi ? –, et j'achetais, avec un grand sourire sous les regards furieux et non plus apitoyés, sept ou dix places selon le nombre de mes accompagnateurs. Je ne peux, hélas !, plus le faire depuis que je suis connue.

J'étais une personne à part entière. Mon entourage avait l'intelligence de dire : « C'est comme ça, tu n'y peux rien, tu es comme tu es. Ce n'est pas toi qui es différente, ce sont les autres qui ne sont pas comme toi. » Il y a une grande nuance dans cette façon de voir. Si je n'avais pas tout, on me faisait valoir ce que j'avais de plus que les autres : j'avais de beaux yeux, du charme, j'étais gaie, optimiste. « Tu y arriveras », me répétait papa qui n'a jamais eu la moindre complaisance à mon égard. Et on m'aimait. Positiver ce qui va au détriment de ce qui pourrait ne pas aller est une philosophie que j'ai gardée.

Il y avait une complicité entre les cousins. Quand les gens se retournaient sur mon passage, faisaient des réflexions, nous étions les premiers à nous arrêter, à faire demi-tour et à fixer la personne en lui tirant la langue jusqu'à ce qu'elle se sente gênée. C'était un jeu.

J'ai un souvenir particulièrement aigu d'une agression verbale. Je venais d'arriver à Paris – en 1981 –, nous attendions ma tante Nicole et moi la rame de métro. Deux mecs, dont l'un noir, se mettent à mon niveau pour marcher et m'imiter : « Alors, la naine... » Je n'ai pas le temps de réagir que ma tante les course déjà : « Casse-toi, grand con. Est-ce que l'on parle de ta couleur ? Avant de te moquer, apprends à t'accepter au lieu de te foutre de la gueule du monde. » C'était horrible, ils hurlaient dans le métro « la naine, la naine ». On a ri ensuite, mais sur le moment...

Quelqu'un qui se moque fait montre de faiblesse, cela veut dire qu'il est mal dans sa peau et qu'il catalyse sur celui qu'il raille tout ce qui ne va pas chez lui. C'est une philosophie que je dois à mes parents et à mes grands-parents. À ma place, les deux grands dadais du métro se seraient peut-être suicidés !

L'attitude familiale m'a formidablement aidée. Lorsque j'étais très jeune, j'avais beaucoup de mal à croiser quelqu'un comme moi. Je me souviens d'une messe, un week-end de Pentecôte à la campagne chez des amis, au cours de laquelle un de mes semblables s'est assis sur le banc devant le mien. J'ai pleuré pendant toute la célébration. Il était un miroir et je refusais cette image de moi qu'il me renvoyait.

Il faut du temps pour s'accepter. À dix ans, si on m'avait proposé de changer, je l'aurais fait sans hésiter.

Aujourd'hui, je refuserais. Je ne serais plus moi et mes fondations en seraient ébranlées. Cela fait trente-sept ans que je vis avec cette enveloppe. Je ne l'aime pas spécialement mais je ne la déteste pas, elle me convient. Je me regarde dans la glace avec lucidité. Moi, c'est moi ! et je me sens bien comme cela. Je donne plus en fonction de ce que je ressens que par rapport à ce que je suis. J'aime ce que je vis, ce que j'ai imposé et ce que je me suis imposée. Si on m'offrait d'être Claudia Schiffer, je refuserais.

Seuls mes kilos en trop me tracassent, mais si je les détestais autant que je le dis, je n'arrêterais pas le régime que j'entreprends régulièrement pour me gaver de cochonneries... je suis si gourmande. Je m'y mettrai un jour. Si on ne s'aime vraiment pas, on fait tout pour que ça aille mieux.

Ceux qui me voient m'assumer telle que je suis et accepter ma différence n'ont plus aucune raison d'être complexés. On peut me parler normalement, sans arrière-pensée et sans gêne, sans avoir peur de prononcer des mots malheureux. Comme disent mes parents : « On ne pense pas à sa taille, on la voit comme les autres, sa personnalité et son tempérament font le reste et on l'aime pour ce qu'elle est. »

La pitié n'entre jamais dans mes relations avec les autres.

La scolarité ne m'a pas laissé de souvenirs impérissables. Je n'avais pas un goût immodéré pour les études, apprendre pour apprendre ne présentait guère d'intérêt à mes yeux. J'étais une élève moyenne, assez dilettante, dissipée, et pas une forcenée, à cette époque-là, de la réussite. J'adorais l'histoire. Magie des Pyramides sans doute, des pharaons, j'avais une passion pour l'Égypte dont je me disais que ce serait le pays que je découvrirais en premier, et je ne l'ai toujours pas visité ! Je détestais la géo, je n'étais pas matheuse, mais j'aimais le français et les rédactions. Je me situais dans la bonne moyenne de la classe sans trop d'efforts.

Certains professeurs, dans les grandes classes, me captivaient. Mademoiselle Coiffier, la prof de sciences éco, notamment, était fabuleuse. Célibataire, l'image de la femme qui s'assume, qui vit d'une manière intéressante, intelligente, cultivée, pleine d'humour, elle ressemblait physiquement à Christine Ockrent que je ne peux pas voir sans penser à elle. Ses cours étaient vivants, passionnants, un régal. C'est le souvenir de son enseignement qui m'a amenée plus tard à m'inscrire à la fac en sciences éco.

En maths, nous avions également un professeur exceptionnel, madame Desroches, la prof principale. C'était l'année du bac. Elle avait compris qu'il ne servait à rien de forcer ceux qui ne comprenaient pas. Elle avait dit à une des copines de la bande : « Je renonce, n'essayez pas de comprendre. Mais pour avoir le bac, il vous faut le minimum, six. On va donc travailler pour ce six ! »

J'ai découvert l'Autriche au cours d'un voyage de cinq jours avec le prof d'allemand dont la passion était d'organiser des voyages. Il se fichait éperdument de nos babillages germaniques. Soumis à un contrôle académique, il nous avait expliqué : « Les enfants, il faut m'aider, c'est important pour moi. Ceux qui ne connaîtront pas la réponse à ma question lèveront la main droite, je ne les interrogerai donc pas. En revanche, ceux qui voudront répondre lèveront la main gauche, c'est à eux que je m'adresserai. L'inspecteur aura l'impression que je suis un bon prof. » La séance s'est admirablement déroulée, ce n'était plus qu'un problème de main droite et de main gauche ! Il nous a ouvert l'esprit en nous parlant de l'Allemagne, de la culture, de l'histoire, de tous les événements importants mais ne nous a jamais obligés à étudier. Cela tombait bien parce que j'étais incapable de parler cette langue, et ce n'est sûrement pas l'allemand qui m'aurait permis le rattrapage au bac si j'avais dû le passer.

J'aime ceux qui admettent que l'on puisse ne pas être captivé par une matière mais qui cherchent la porte à ouvrir chez chacun pour que le déclic se produise. Un cours, c'est un peu comme un one-man show. Si l'artiste est mauvais, le public ne suit pas. Ces professeurs étaient passionnants et passionnés : ils m'ont fait découvrir un monde.

En revanche, nous avons été odieux avec notre prof de philo, une petite femme très douce, enfermée dans un monde qui nous était hermétique, le moi et le sur-moi nous laissaient de marbre, nous jouions au tarot au dernier rang !

J'ai eu également d'excellents professeurs de français au collège.

J'ai passé le bac B avec la mention « assez bien ». Ma grand-mère m'avait offert, pour me récompenser, une mobylette, premier pas vers l'indépendance : je ne dépendais plus de la voiture de papa et des transports publics. Les parents y avaient consenti, morts de peur, mais j'avais dix-huit ans. Cependant, la majorité n'entrait pas en ligne de compte dans leur acceptation qui passait par le raisonnement suivant : « Tu es majeure, d'accord, mais n'oublie pas que tu es toujours à la maison. Si vraiment tu es hostile à ce que l'on dit, ma chérie, tu vis ta vie. À la maison, c'est moi le chef de famille. » Je trouve qu'ils n'avaient pas tort, si on dépend de quelqu'un, on le respecte. Mais ils étaient lucides et n'allaient pas m'interdire quelque chose sous le prétexte que c'était dangereux.

Le bac passé, la scolarité n'est plus obligatoire. J'abandonnais l'enfance. Je devais me préparer à la vie active. Qu'allais-je faire de ma vie ?

J'ai une fierté qui m'interdisait d'être aidée financièrement indéfiniment par mes parents. Je suis une meneuse, et je n'aurais pas accepté de faire n'importe quoi sous les ordres de n'importe qui, ou de dépendre de quelqu'un. Quand j'étais au lycée, j'avais travaillé un mois, quatre étés de suite, au bureau de papa. Aucun favoritisme : je triais des papiers et je mettais des boulons dans des sachets. Je gagnais ainsi mon argent de poche pour l'année et pour les vacances. Un jour que je m'étais plainte, il m'a envoyée travailler au sous-sol à la lumière des néons. Lorsque j'ai demandé à remonter au bureau, il m'a fait comprendre que je faisais ce travail un mois, le personnel le faisait toute l'année pour manger, mes récriminations étaient donc irrecevables !

J'espérais aussi très fort, comme aujourd'hui, réussir une vie personnelle et une vie de couple, rencontrer un homme qui m'aimerait et qui me ferait des enfants, mais je n'imaginais pas vivre dans le sillage de quelqu'un. Je savais que ce serait dur, il faut être deux pour se marier et pourquoi me choisirait-on ? Je devais donc apporter quelque chose. Je refusais que l'on s'apitoie sur moi. Je ne devais pas être moyenne, je voulais percer, m'accomplir professionnellement où que ce soit. Cela ne dépendait que de moi. Il me fallait réussir. Je luttais sûrement ainsi contre ce qui était ma faiblesse, c'est-à-dire mon physique. « Si je me prouve à moi-même que je peux le faire, je le prouverai aux autres », pensais-je.

Je souhaitais gagner de l'argent. Je me suis toujours débrouillée, entre baby-sitting, petits cours, travaux divers, pour augmenter l'argent de poche que les parents nous donnaient. On ne roulait pas sur l'or à la maison, nous étions trois à poursuivre des études. J'avais envie de bien vivre, et surtout de partager. L'argent permet d'aider ceux que l'on aime, de les en faire profiter.

Mes désirs se situaient au stade des rêves. Ni médecin, ni avocat, pas plus que chanteuse ou comédienne, ma seule ambition était d'être connue et reconnue.

Le journalisme me tentait. J'avais écrit un jour à *La Vie catholique* à laquelle mes parents étaient abonnés pour dire ce que j'étais, que je trouvais la vie belle, que j'espérais me marier un jour, avoir des enfants et un métier qui me plairait. Je n'avais prévenu personne. L'article avait été publié à la surprise familiale. Je me voyais déjà grand reporter en Afghanistan... Mais il fallait un DEUG pour accéder à l'école de journalisme de Lille.

La publicité ne manquait pas d'attrait non plus, j'avais un gentil coup de crayon...

Mes parents rêvaient pour moi d'une belle carrière administrative. À la faveur de concours internes, je pourrais terminer directrice des P et T, mariée à un gentil fonctionnaire qui me ferait de beaux enfants ! La fonction publique, c'était la sécurité et la stabilité. Et puis, comme ne cessait de me le répéter papa : « Jamais un patron ne te recrutera et ne te mettra en contact avec le public sauf si tu es au top niveau. » Il manquait d'intuition en ce qui concerne le public, mais il avait raison sur l'exigence et le top niveau.

Après concertation avec le conseiller d'orientation, nous avons opté pour sciences éco (je n'avais pas oublié les cours de mademoiselle Coiffier), discipline qui m'ouvrirait éventuellement par la suite d'autres orientations. C'était un compromis raisonnable qui rassurait tout le monde mais ne me bloquait pas.

Entrer à la fac, c'était passer à autre chose : « Allez ma vieille, tu es grande maintenant ! » Je quittais Bron pour Lyon. Je n'oublierai jamais le premier jour. La fac était à perpète-les-oies, au moins à une dizaine de kilomètres de la maison. Papa m'avait emmenée reconnaître le trajet le plus simple en voiture. Premier jour, perdue dans Villeurbanne en mobylette, dix-huit ans, bien en avance ! C'est une catastrophe, je vais être en retard.

« Au secours, papa. » J'entre en larmes dans un bistro pour lui téléphoner mais, comble d'horreur, je n'ai plus de monnaie. Le patron, apitoyé, me donne un franc. Papa me propose de venir et de m'accompagner. Arriver avec son père, la honte ! Je reprends mon sang-froid. Entre ses explications et celles du bistrotier, je m'en suis sortie.

Entrer à la fac, c'était aussi devenir autonome. Plus de conseil de classe, plus de réunions entre les parents et les professeurs, pas de carnet de notes, pas de bulletins, plus de bilan de fin d'année. On gère sa vie. La sanction, c'est le passage dans l'année supérieure. Si on rate, on ne peut s'en prendre qu'à soi-même.

Comme la plupart des étudiants, je me suis dit : « Génial, je m'éclate. » Je suis tombée cette année-là sur la seule bande de ramiers de la fac. Cinéma, soirées les uns chez les autres pendant lesquelles j'ai pris ma première et dernière cuite au pastis, révisions à la piscine... Mes parents étaient effondrés. J'ai été la seule du groupe à réussir mon année.

Les cours m'ont totalement déçue. Ce n'était plus le même professeur, et pour cause. On passait directement des histoires et de la petite histoire au concret, les bilans, la comptabilité. Ce qui m'endormait profondément ! Le prof de comptabilité jubilait : « Je n'ai jamais vu ça, je suis admiratif ! » me disait-il épaté devant une telle nullité. Il a essayé néanmoins par tous les moyens de me faire comprendre un bilan, le passif, l'actif. Je n'ai jamais eu plus de 5 sur 20. Ce n'était pas mon truc.

En revanche, dès qu'on traitait des révolutions industrielles, des systèmes économiques comme celui de la Grande-Bretagne, qu'on entrait dans l'histoire, je me réveillais. J'ai réussi les deux années de DEUG avec le minimum, 10, et j'ai échoué à la licence à trois quarts de point, collée avant le rattrapage.

Les sciences économiques n'étaient pas une passion. Je savais que je ne m'y consacrerais pas toute ma vie, j'aimais l'argent et ce n'est pas là que je pourrais faire fortune. J'avais fait cela pour gagner du temps et pour meubler. À la suite de cet échec, j'ai renoncé à me réinscrire et j'ai lâché la fac. Papa et maman abandonnaient leurs espérances. Adieu la stabilité, je ne serais pas une brillante fonctionnaire. J'entrais alors comme animatrice aux VVF.

III

Maman avait vu ma grand-mère courir de l'usine à la maison, se débattre avec les tâches multiples assumées par une femme qui travaille alors que deux de ses tantes étaient des mères de famille à la maison, heureuses. Elle adorait les enfants. Adolescente, elle s'occupait de ses cousins.

Elle n'a donc pas eu d'état d'âme à faire le choix d'être une maman à la maison après ma naissance, en juillet 1957. Jusque-là, elle était secrétaire chez un distributeur de films lyonnais, coïncidence, si l'on veut, avec ma future carrière. Elle a donc abandonné son métier sans regrets. Tenir la maison, pouponner, être présente quand nous rentrions de l'école, surveiller les devoirs, lire, faisaient partie des tâches qu'elle accomplissait avec plaisir. D'autre part, papa travaillait parfois vingt heures par jour. Elle était là. Il pouvait donc se consacrer à établir sa situation.

Maman a une philosophie positive de la vie qui fait qu'elle s'en sortira toujours : on peut lui annoncer la pire catastrophe, après un moment d'abattement, elle retombe sur ses pieds d'une pirouette. On peut lui confier un secret avec l'assurance qu'on ne sera jamais trahi, elle restera muette comme une tombe. En revanche, elle a souvent été déçue de voir que ses propos avaient été déformés.

Nous les filles, Michèle, Marie et Frédérique – il y a sept ans de différence entre moi l'aînée, la grande sans jeu de mots, et Frédérique la dernière –, nous avions l'impression, lorsque nous étions gamines, qu'elle vivait au travers de papa car elle n'avait aucune occupation en dehors de la maison. Maman rétorquait qu'elle ne voyait pas d'intérêt à aller travailler pour visser des boulons dans une usine ! Nous lui disions : « Mais lance-toi dans une activité bénévole, sors, fais quelque chose pour toi. » Une anecdote la définit parfaitement bien : récemment, nous dînions, les parents et moi, chez des amis. Papa racontait comment, depuis sa retraite, il s'était remis à fond au saxophone : il prend des cours, il a fondé un groupe de jazz, il donne des concerts, en un mot il est passionné. Un des convives s'adresse à maman :

« Et vous, que faites-vous ?

– Oh, répond-elle, on n'a plus le temps de faire quoi que ce soit depuis qu'on a repris le saxo !

– Mais, maman, lui dis-je, tu ne joues pas du saxo, toi ! »

Maman n'a pas d'envie en dehors de ce qu'elle peut faire avec papa. Nous lui avons suggéré de s'inscrire dans des clubs de scrabble, puisqu'elle adore cela, de prendre des cours d'anglais pour pouvoir me suivre aux États-Unis quand j'entamerai enfin ma carrière cinématographique internationale... hors de question. Si papa n'a pas le temps, elle ne l'a pas non plus ! En revanche, si je lui dis aujourd'hui : « Fais ta valise, je t'emmène », elle part. Elle n'est pas une meneuse, mais elle est une merveilleuse seconde.

Adolescentes, nous étions intolérantes face à cette attitude et nous ne pouvions pas imaginer qu'elle pouvait être heureuse de la vie qu'elle menait. Aujourd'hui, je sais que c'est sa forme d'épanouissement et qu'on n'a pas de raison de lui imposer ce que nous sommes nous. Maman n'a pas d'ambition personnelle. Elle est là, elle a son mari, ses enfants, ses petits-enfants, tout va bien. Elle est disponible. Elle a adopté le schéma inverse de celui de sa mère, et mes sœurs et moi nous avons fait de même, nous avons adopté le schéma inverse du sien. Que feront nos enfants ?

J'avais beaucoup de copains dont les mères travaillaient et qui jouissaient d'une bien plus grande liberté. Plus autonomes, ils « organisaient » un peu leur vie. Nous, nous rentrions, maman était toujours là. C'était réglé comme du papier à musique, le goûter, les devoirs, les jeux, le dîner et, parfois, la télévision.

Je crois qu'on a toujours envie, lorsqu'on est gamin, d'avoir l'inverse de ce qu'on a, on rêve de liberté, « si je le voulais, je pourrais faire... », même si on n'en profite pas. Mes copines me disaient : « Tu as de la chance. Quand tu rentres, ta maman est là, elle prépare ton goûter, la maison n'est pas vide. » Et moi, je pensais : « Toi, tu peux faire ce que tu veux. »

Nous sommes, mes deux frangines et moi, très féminines, fonceuses, on a l'esprit d'initiative. Quant au prix du camembert, on s'en moque. On veut s'offrir ce dont on a envie, pas uniquement financièrement, mais on s'exprime, on va de l'avant et au bout de nos envies.

Je ne pourrais pas, moi, vivre sans passion, dépendre de quelqu'un. Et si je n'avais pas fait ce métier de comédienne, j'aurais fait autre chose. Il m'est impossible d'imaginer de n'avoir pas une vie à moi, une activité personnelle. Je serais frustrée en écoutant ceux qui rentrent le soir me parler de leur journée et n'avoir rien d'autre à raconter que la recette du gratin de courgettes et le passage à la sécu, un monde passionnant ! On est parfois obligé d'être à la maison. C'est un vrai métier d'être mère de famille et de tenir une maison de cinq ou six personnes, mais on a tous plusieurs portes et il ne faut pas les fermer sur l'extérieur. Il faut ouvrir. C'est pour moi indispensable. C'est une nourriture.

Papa était hyper-sévère mais il n'élevait jamais la voix. Il ne répétait jamais deux fois la même chose. Quand, gamines, nous jouions dehors dans les bacs à sable et qu'il appelait : « Les filles, vous remontez », deux minutes plus tard, nous étions là. Il était intransigeant sur la tenue à table – il n'était pas question de dire : « Je n'aime pas ça », on mangeait ce qu'il y avait sans se poser de questions –, sur la politesse, le comportement à l'égard des autres.

Il me serinait sans cesse : « La vie ne te fera pas de cadeau, tu dois être plus dure avec toi qu'on ne l'est normalement parce qu'à chaque instant tu seras confrontée au problème de ta taille. Problème du contact, problème du public, problème du travail, tu n'as pas le droit d'être médiocre. » Il n'a laissé passer aucune des petites choses de tenue, de sérieux, de travail, de rigueur, d'exigence de soi. J'ai pratiqué tous les sports, patinage, ski, escalade lors d'un séjour en VVF à la montagne – la tête du moniteur lorsqu'il m'a vue arriver –, basket, volley-ball et même, très brièvement, équitation – un cheval, c'est très grand ! Je devais faire comme les autres. « Bosse, bosse, fais, ne laisse rien de côté. » Il mettait une grande rigueur dans les choses quotidiennes. « Comment va-t-elle prendre sa place dans la vie ? » s'interrogeait-il, et la seule réponse était de m'armer du mieux possible. Il a eu raison. Mes sœurs ont, par contrecoup, bénéficié du même traitement ! Légèrement plus cool quand même, en ce qui concerne Frédérique.

La maison était ouverte : papa et maman sont d'un tempérament accueillant. Depuis notre toute petite enfance, nos copains étaient les bienvenus. Dès la maternelle, j'ai eu besoin de mon cocon, de ma bande, et je ne me suis pas privée de les faire bénéficier de l'hospitalité familiale qui s'est accrue au moment de l'adolescence car les parents voulaient connaître nos amis. Ils avaient confiance en nous, disaient-ils lorsque nous protestions, mais pas forcément dans notre entourage. « Je veux les rencontrer, nous disait papa, qu'on se connaisse, qu'il y ait un climat d'entente, et à partir de là il n'y aura pas de problèmes. » Il n'était pas question de retarder une heure convenue de retour. Je me souviens d'une rentrée tardive avec mon amie Isabelle, une copine de lycée, une presque sœur pour moi (notre rencontre en seconde s'était mal passée, nous nous sommes liées en première, et nous le sommes restées depuis vingt-deux ans). Nous étions en première année de fac. À l'issue de la séance de cinéma à laquelle nous avions assisté, nous avons refait le monde jusqu'à 6 heures du matin dans la chambre de l'un de nos copains, sans voir le temps passer. Ce n'était plus un film, mais une saga. Retour sur la pointe des pieds, très mal à l'aise, les chaussures à la main. Papa, prêt à partir à son travail, nous attendait anxieux derrière la porte. Nous avons partagé, elle et moi, un savon mémorable que, aujourd'hui encore, nous n'avons pas oublié ! Il n'était pas question de remettre en cause l'autorité paternelle.

Lorsque nous étions gamines, chaque sortie devait faire l'objet de longues négociations, des semaines (j'exagère un peu) à l'avance. Maman n'était jamais de notre bord, elle ne tempérait pas papa et ne plaidait pas pour un peu plus de libéralisme. Pourquoi aller à la patinoire, n'est-on pas bien à la maison ? Les copains peuvent venir : oui, mais on ne patine pas dans la maison jusqu'à nouvel ordre ! Les séances de cinéma n'étaient pas vues d'un meilleur œil. Un peu plus âgée, j'accompagnais des amies qui s'y rendaient avec leurs parents. Je ne parle pas des concerts de mes idoles ! Combien de temps n'ai-je pas rêvé que l'on m'emmène en surprise à un concert de Claude François. Il est vrai que nous étions une famille de cinq personnes, et que nous ne roulions pas sur l'or. Enfin, quand même !

Avec le temps, papa s'est adouci. Il a compris qu'il ne servait à rien d'être intransigeant. Marie et moi avons frayé le chemin. Il a été plus libéral avec Frédérique.

J'avais un côté fantaisiste, dit maman, un rien provocateur. J'avais choisi pour tapisser la chambre que j'occupais seule, privilège de l'aînée qui travaillait tard le soir, un papier à gros motifs orange délibérément à l'encontre de tout ce qu'il y avait dans la maison.

La vie familiale me semblait trop ordonnée, trop calculée, trop propre. Jamais d'accros, jamais de risques. Si elle recevait à dîner, maman dressait le couvert la veille, préparait la desserte (je fais aujourd'hui la même chose) ; la voiture était impeccable, j'aurais voulu une coccinelle que j'aurais peinte en rose avec des étoiles vertes ; nous n'avions pas de découvert bancaire. Bref, la vie manquait de folie ! Heureusement, une sœur de papa dont j'étais très proche, de douze ans plus jeune que lui, totalement anticonformiste, parfois à découvert à la banque, palliait ce manque. Ma tante Nicole était la plus libérée des quatre enfants de ma grand-mère, et c'est avec elle que j'ai eu le plus de discussions, notamment sur la liberté sexuelle. Il y avait entre nous une grande confiance et une grande complicité et, dès l'âge de quinze ans, c'est parfois la petite qui a aidé la grande. Mariée à un éducateur, elle travaillait avec lui. Je venais souvent passer le week-end chez eux, je manquais ainsi la messe, et c'est en gardant leurs enfants que j'ai gagné mon premier argent de poche. Nous nous sommes un peu perdues de vue ces deux dernières années mais elle avait envie de nager à contre-courant, en solitaire. Maintenant qu'elle est remontée dans le bateau, je suis sûre qu'on va retrouver notre complicité.

Si papa était sévère, il était en revanche ouvert à toutes les discussions, nous abordions tous les sujets, la contraception – c'est avec lui que j'ai parlé de la pilule la première fois, à dix-huit ans –, le racisme... Lorsqu'il est devenu responsable d'un secteur dans son métier, il s'est occupé de beaucoup de ses employés maghrébins, il a fait venir leurs femmes... Si l'une de nous avait quelque chose à exprimer, on en parlait. Ce pouvait être aussi bien de ce qui se passait à l'école, des émissions de radio ou d'un article de journal, rien n'était tabou. Comme toutes les adolescentes, j'avais mes périodes de révolte : « Tous des imbéciles, ils ne comprennent rien. » Nous avions bien sûr de gros accrochages. Lors d'une discussion – j'avais autour de quinze ans – un peu chaude, il a clos le débat d'un « tant que tu seras là, ce sera comme ça, c'est encore moi le chef de famille ». J'ai rétorqué que je faisais ma valise. Je suis partie dans ma chambre, je me suis habillée, j'ai pris un sac et je suis revenue à la porte. La famille m'a vue passer avec mon sac et mon manteau : « Qu'est-ce qu'elle va faire cette pauvre cloche ? » Il m'a rattrapée : « Ne refais jamais ça ! Pose tes affaires, on discute calmement. »

Les discussions politiques, à l'époque, n'étaient pas très nourries. La famille était plutôt à droite avec des attirances pour certains hommes de gauche. C'était plus un problème de personnes que de partis. En revanche, nous étions tous farouchement hostiles aux extrémismes quels qu'ils soient : aujourd'hui encore, je rassure tout le monde, je hais... je ne prononcerai pas son nom pour ne pas lui faire de la pub.

J'ai voté Mitterrand en 1981 parce que l'homme et les idées qu'il représentait me séduisaient. C'était le merdier, il allait ouvrir et changer les choses, donner plus à ceux qui avaient moins. Beaucoup espéraient en la gauche. Le résultat n'est pas brillant, le merdier est toujours là. La gauche caviar ou la droite pomme de terre, pour moi aujourd'hui, c'est la même chose. Peu de différence, peu de changement durant ces treize dernières années, mais la droite n'aurait pas mieux fait. Je préfère être comédienne que femme politique, confrontée aux problèmes actuels de chômage, des SDF, des étrangers, de la violence. Je suis récemment passée à Denfert-Rochereau peu après une manifestation. Toutes les vitrines étaient cassées, démolies. Peut-on exprimer un ras-le-bol de cette façon et que cela s'entende ?... Le milieu politique est déphasé par rapport aux réalités de la vie. Le communisme a foiré, le socialisme, bof, on n'y croit plus. Quelle est la solution pour que ces jeunes aient une foi en leur avenir ? Je ne sais pas. Mais une chose me semble claire, comment peut-on gérer un pays sans en faire vraiment partie ? Nos dirigeants et les autres, tous issus du même milieu, ont des privilèges qui leur font ignorer ce qu'est la vie quotidienne. Un président de la République, un Premier ministre devraient vivre en HLM, ils cerneraient les vrais problèmes que cela pose, travailler au moins une fois en usine, faire les poubelles. Cela éviterait sans doute d'inviter les éboueurs un matin au petit déjeuner et de leur dire : « Alors, vous avez des difficultés ? » Ce que je dis est ridicule et fera sourire, mais s'enfermer dans les palais nationaux favorise-t-il une approche juste de la vie des gens ? Où est le contact ? Nos gouvernants, comme tous nos hommes politiques, sont entourés d'une cour qui attend d'eux les miettes du pouvoir, comme un comédien qui se retrouve au zénith du jour au lendemain. Qui dit la vérité ? Ce n'est pas une visite de madame Veil en grande banlieue, entourée de trois gardes du corps, et suivie d'un train de R25 qui lui permettra de comprendre les problèmes des exclus. Je ne vois pas la solution. C'est vrai que je n'ai pas envie de renoncer à mes privilèges, je souhaite simplement que chacun d'entre nous ait les mêmes. Il y a peut-être des priorités qui ne sont pas encore prioritaires. J'aime mieux être à ma place de comédienne qu'à celle de notre futur président de la République. Il a du pain sur la planche !

Gamine, j'étais passionnée d'émissions de variétés – il y avait à l'époque moins de choix qu'aujourd'hui car il n'y avait que deux chaînes. Nous avions un vieux poste avec uniquement la première chaîne. Entre dix et quatorze ans, j'avais un amour fou pour Claude François. Lorsque Guy Lux le recevait dans son émission *Le Palmarès des chansons,* programmée sur la deuxième chaîne, je vivais un calvaire de le savoir à la télé sans pouvoir le voir. Ma soirée était foutue. Je m'arrangeais parfois pour aller chez ma tante, qui avait les deux chaînes, et je vivais alors un moment de bonheur intense.

Je raffolais du spectacle qu'il proposait. Il dansait, il chantait, ça bougeait. C'était un avant-goût du *Big Bazar.*

J'étais physiquement amoureuse de lui. Il était mon type d'homme, blond aux yeux bleus. C'était un amour de gamine. Cette passion faisait sourire la famille : « Elle est mignonne. Tu fais tes devoirs et puis après tu écouteras ton disque de Claude François. » Ma chambre était tapissée de ses photos. Je conservais une grande enveloppe pleine de tous les documents le concernant fournis par mes copines qui connaissaient ma passion. On ne laissait passer aucune information, y compris des phrases d'un demi-millimètre, sans me la découper dans les journaux spécialisés, comme *Salut les copains,* que je dévorais au collège parce que je n'avais pas le droit de les acheter : « On peut trouver des centres d'intérêt plus intelligents dans la vie », disait papa qui n'avait pas tort. Je connaissais tout de Cloclo et je savais par la presse qu'il était malheureux. « S'il m'épousait, il trouverait le bonheur car je lui donnerai tout », pensai-je. Mais je n'ai jamais écrit à son fan-club. C'était : ça doit se faire, je le rencontrerai. Ce sera le hasard. On sera heureux et je m'occuperai de ses enfants. Je vais lui apporter le bonheur, je le sais. Un signe était clair pour moi : son fils aîné était né le même jour que moi (pas la même année). Je pensais : « On fêtera nos anniversaires ensemble. » C'était une part de rêve. Le rêve tient une place importante dans ma vie, c'est peut-être ce qui me sauve de tout ce qui pourrait ne pas aller, c'est mon tiroir à moi.

J'ai vécu un drame avec maman à cause de Claude François. Elle avait un jour mis de l'ordre dans ma chambre et jeté toute une série de photos qu'elle avait trouvées, considérant qu'il était sans doute temps pour moi de passer à autre chose. Cela m'avait fait mal, j'étais hors de moi : « De quoi te mêles-tu, tu n'as pas le droit. Ce n'est pas parce que toi tu n'as pas de passion que tu dois casser celle des autres. C'est mon truc à moi, tu n'as pas à fouiller dans mes affaires. » Elle a sûrement regretté.

Un des grands regrets de ma vie reste de ne pas l'avoir rencontré. Il est venu deux fois à Lyon en concert, mais, toujours la rigueur paternelle, il n'était pas question d'y aller seule. Je ne l'ai jamais vu sur scène. J'avais d'autres passions quand il est mort, mais je me suis dit : « Je ne le rencontrerai jamais. » Aujourd'hui, je croise beaucoup de gens que je voyais à la télévision il y a vingt ans, ce qui me fait toujours un effet étrange. La rencontre avec Claude François aurait pris encore plus de valeur, car je lui aurais dit : « On a failli se marier, j'étais seule à le savoir. » Comme je crois un peu aux signes du destin, je pense que ma rencontre avec Pierre Palmade qui lui ressemble tant n'est peut-être pas un hasard.

Ma sœur Marie était, elle, amoureuse de Joe Dassin. Nous nous sommes retrouvées veuves sans avoir été mariées ! Nous avions choisi les deux qu'il fallait éviter. Le côté « propre sur eux » de Cloclo et Joe avait dû contribuer à nous séduire. Johnny est toujours vivant mais on n'a jamais eu de passion amoureuse pour lui ! En revanche, c'est la plus belle bête de scène que j'aie jamais rencontrée. Ce grand enfant qui refuse de grandir n'a pas fini de nous épater. C'est un monstre sacré qui mérite ce titre de son vivant. J'aimais bien Gilbert Bécaud également, ce qui n'était pas très moderne pour l'époque. Mais j'aimais la façon dont il bougeait, dont il occupait l'espace, dont il vivait ce qu'il chantait.

Beaucoup de choses se passaient dans ma province. Les chanteurs se produisaient en concert au Palais d'hiver, au Palais des sports ou sous chapiteaux. Halliday comme les autres, tout le monde venait. Mais il n'était pas question d'y assister, même en matinée avec une copine. J'achetais des disques que je me passais indéfiniment dans ma chambre mais je rêvais qu'un jour maman me dise : « Ma grande, c'est ton anniversaire, voilà deux places pour le concert de Claude François en octobre », ou quelque chose de ce genre. Cela ne s'est pas fait et ce n'est pas grave. J'ai assisté à mon premier spectacle à dix-huit ans, c'est ainsi que j'ai découvert Fugain.

J'avais également une passion pour la lecture. J'ai dévoré les *Club des cinq,* la « Bibliothèque verte », les *Alice* : elle vivait des choses que j'aurais adoré connaître. J'ai versé mes premières larmes « littéraires » à la lecture de *La Case de l'oncle Tom.* J'étais en larmes quand maman est entrée dans ma chambre : « Toi, tu en es à la fin. – Oui, comme c'est beau ! » Je le relisais de temps à autre pour me faire pleurer. J'ai eu ma période Alexandre Dumas, Pearl Buck, excellents ouvrages pour une jeune fille, suivis de Guy Des Cars ! Papa m'a fait découvrir Alistair McLean, l'auteur des *Canons de Navarone.* Nous lisions ses livres au fur et à mesure de leur parution. Les romans d'aventure me plaisaient également.

Je me suis plongée dans Balzac que nous étudiions à l'école. J'aimais sa manière très imagée d'écrire et ses descriptions de la vie quotidienne de son époque, ses personnages très divers, mais très proches de la réalité et d'une certaine façon éternels. Tous les sujets qu'il a traités ont été réalisés aujourd'hui dans de superbes téléfilms, on n'a rien inventé. Il y a eu aussi Zola, Flaubert...

Aujourd'hui encore, j'adore lire. Je suis excellent public, j'aime entrer dans un univers, rire, pleurer, je suis touchée. J'ai moins de temps, mais je ne m'endors jamais, quelle que soit l'heure, sans lire deux ou trois pages. C'est le passage obligé entre la vie et le sommeil. Parfois, il m'arrive de me laisser prendre et de lire un livre entier si je suis lancée, même morte de fatigue.

La télévision était sérieusement contrôlée à la maison. Nous avions parfois la permission de regarder un bon film, une émission intéressante quand il n'y avait pas école le lendemain. Mais il n'était pas question de s'installer devant l'écran en sortant de classe.

C'est aussi à cette époque, entre enfance et adolescence, que j'ai fait connaissance avec le théâtre. Nous étions, comme beaucoup d'enfants, abonnés par l'école aux matinées classiques : j'ai dû voir dix fois *L'Avare* et *Le Médecin malgré lui*, c'est là que j'ai découvert *Rhinocéros*, *La guerre de Troie n'aura pas lieu*, *Le Cid*. Il n'y eut pas de coup de foudre et la révélation d'une vocation. Inconsciemment, je pensais peut-être qu'il n'y avait pas là de rôle pour moi : « Je ne vais pas jouer les servantes, je veux être l'héroïne ou la princesse et je ne vais pas me battre contre les critères établis. » J'assistais aux représentations en spectatrice alors que, lorsque je voyais un chanteur sur scène, je m'imaginais à sa place. « Ça, je peux le faire. » Je connaissais par cœur toutes les chansons de Sheila. Le théâtre classique, au contraire du music-hall, m'attirait peu.

J'avais une passion pour les comédies musicales américaines. Une chaîne diffusait un soir *Singing in the rain*. Maman, qui est hermétique à la comédie musicale, a choisi de regarder un feuilleton. Elle ne voulait pas manquer son épisode ! Depuis ce jour, je hais les feuilletons et je ne supporte pas de me créer des obligations de ce type, même avec le magnétoscope.

Lorsque j'avais seize ans, en 1973, Fugain a lancé le *Big Bazar*. Il était déjà connu d'un large public avec deux chansons, *Je n'aurai pas le temps* et *Prends ta guitare,* mais il s'ennuyait seul sur scène, son rêve était de monter une troupe. Le *Big Bazar* a fait un gros tube d'été, *C'est un beau roman, c'est une belle histoire,* qui fut un triomphe. Chaque fois que la troupe passait à la télévision, je me disais : « C'est ça que je veux faire. » C'était un mélange de chants, de danses et de comédie, où la chanson venait se greffer sur l'histoire, la comédie musicale à la française mais qui n'avait rien de ringard comme les opérettes de Francis Lopez.

À l'époque, j'avais envie de participer à un tel spectacle mais, contrairement à ceux qui s'inscrivent dans des cours de comédie ou de danse, je me disais : « On va voir ce qui se passe. S'il y a une opportunité, je la saisirai et ça voudra dire que c'était mon destin. »

Il est vrai que je n'aurais pas pris ma petite valise pour monter à Paris. Je n'en aurais pas eu le courage, par rapport à ce que je suis. Il était trop évident que le métier, tel qu'on le proposait aux gens comme moi il y a encore quelques années, n'était pas du tout ce que je voulais faire. Je ne subirais pas d'humiliations, je ne me battrai pas contre des montagnes, j'attendrai, il y aura peut-être un signe. Je me trouvais comme tout le monde, mais taper à la porte des producteurs et leur tenir ce discours, c'était à coup sûr les entendre hurler de rire et me proposer : « On va faire un remake d'*Angélique,* on a besoin d'un fou du roi, vous allez jouer la méchante. » Je ne voulais justement pas de ça parce que je me sentais bien dans mes baskets. « Ceux qui n'ont aucun problème physique, me disais-je, ont des difficultés à trouver des rôles, je ne vais pas m'ajouter à la liste pour me voir proposer des rôles de merde. »

J'ai vu le spectacle de Fugain pour la première fois à Lyon en matinée avec mes petites sœurs, ce devait être en 1975. J'avais dix-huit ans. Je l'ai attendu à la sortie, il m'a signé un autographe que j'ai toujours. On s'est juste dit bonjour. Il est revenu l'année suivante.

J'ai assisté deux fois au spectacle. Je m'installais au premier rang. Il y avait un moment particulièrement émouvant qui me faisait fondre en larmes. La troupe chantait *Tout va changer, ce soir on prend un nouveau départ...* Michel Fugain descendait dans le public et demandait à chacun d'allumer son briquet ; il trinquait aux briquets, il faisait tchin' tchin' ! à vos espoirs. Il m'avait repérée. Je me disais : « Ça y est, moi j'y serai un jour. » Et je pleurais jusqu'à la fin. Lorsque j'évoque cette époque avec certains anciens du *Big Bazar* que je vois toujours, ils me disent : « Quand on te voyait au premier rang, tu nous faisais chialer. On se disait cette pauvre pitchoune, pourvu qu'elle arrive à faire ce qu'elle veut. C'était vachement attendrissant. » J'attendais les comédiens à la sortie. Ils étaient tous très accessibles et, un soir, j'ai parlé avec eux :

« J'ai très envie de faire ce métier, comment faire ?

– Travaille la danse, travaille le chant, fais des choses. Tu as une personnalité, si tu y crois il n'y a pas de raison que tu n'y arrives pas. »

Ils étaient sympas comme nous le sommes tous, ou presque, mais le message était en fait : « Démerde-toi. » C'est d'ailleurs ce que je dis aujourd'hui aux jeunes qui me posent la question : « Il n'y a que toi pour y croire. Bouge-toi le cul et tu verras. »

Dans cette période d'enfance et d'adolescence, comme aujourd'hui d'ailleurs, l'amitié était primordiale. Pour moi, il y a trois voies dans la vie : le métier, l'amitié et l'amour. Il ne faut pas que l'une oblige à sacrifier les deux autres. Je suis arrivée à concilier l'amitié et le travail, il me manque l'amour, le vrai avec un grand mec bien, mais lorsque je le rencontrerai, il entrera dans mon monde comme j'entrerai dans le sien.

Dans mon enfance, j'ai toujours été une « rassembleuse » et une « meneuse ». Mon noyau dur, le plus ancien, est formé de ma plus vieille complice, ma cousine Dominique, suivie de Babeth, aujourd'hui pianiste-concertiste, fille des meilleurs amis de papa et de maman et qui ont été à l'origine de leur mariage. Isabelle a rejoint notre clan en 1972. Je l'ai connue au lycée Louis-Lumière à Lyon, en seconde. J'ai commencé par la trouver bêcheuse, pas drôle et trop bon chic bon genre. Elle m'a jugée énervante, mal fringuée, et légèrement prétentieuse... Ça n'a pas été le coup de foudre et pourtant, nous sommes devenues inséparables. À ces deux piliers s'adjoindront différents éléments rencontrés au cours de la scolarité et des vacances, en particulier aux VVF. Où que je me sois trouvée, j'ai toujours recréé « ma bande », Momo, Evelyne, Antoine, Michel, Gaby, Bruno, Maureen, Fredo, Anne, Stéphanie, Véro et tous les autres.

J'ai échappé au « flirtouillage » des gamins : on ne me draguait pas et cependant, comme j'aurais aimé que cela m'arrive ! J'avais deux très bons copains, dont un que je revois encore de temps en temps dont j'étais amoureuse. La première fois que je l'ai présenté à une de mes copines, ils sont sortis ensemble. Je lui en ai parlé.

« Ça fait longtemps que je te connais, tu ne m'as jamais embrassée, pourquoi embrasses-tu ma copine ?

– Je l'aime bien, mais ce n'est pas important. Toi, c'est différent, c'est trop sérieux pour qu'on passe par là, on ne va pas faire semblant, tu es trop bien. On ne peut pas te faire ça. »

Mais qu'est-ce que cela veut dire « tu es trop bien » ? J'en ai marre d'être trop bien ! Sans doute n'y avait-il pas de désir, le format gadget n'était pas leur truc. Je pleurais une heure – pourquoi pas moi ? – et j'allais mieux. Comme j'évacue toujours les chagrins au fur et à mesure, ils n'ont pas le temps de moisir... Ça aide à sourire léger !

Après le bac, j'ai réuni pour déjeuner à la maison tous les copains du lycée. Je me suis dit : « C'est fini, mes vrais amis, ce sont ceux-là, je ne rencontrerai plus personne. L'amitié n'est possible qu'avec les copains d'enfance, ensuite ce sont des rencontres, des connaissances, des relations professionnelles. » J'avais dix-huit ans. Quelques semaines plus tard, j'entrais en fac, terrifiée à l'idée d'être seule, perdue : « J'arrête tout, c'est l'horreur, personne ne se parle, je veux mes copains de lycée. » C'était la première semaine. J'ai parlé avec un étudiant puis deux et nous sommes devenus une bande inséparable, plus fêtarde que travailleuse. J'ai changé de fac pour la deuxième année et là, je me suis recréée une bande de copains. Lorsque j'ai abandonné après mon échec en troisième année, nous nous sommes perdus de vue. Aujourd'hui, je sais que chaque fois que l'on change de vie, de lieu, on découvre quelque chose : chaque jour peut générer des rencontres fabuleuses qui ne se situeront pas forcément sur le plan d'une amitié indéfectible, mais qui ouvriront sur le monde, sur les autres. Il n'y a rien pour moi de plus enrichissant que le contact humain. Il me reste, je me le souhaite, beaucoup d'années à vivre et je veux rencontrer beaucoup de gens. J'arrive à un âge où des gens que j'aime disparaissent – Mamie Gaby, Pierrot le papa de Babeth, l'amie fidèle, décédé d'une crise cardiaque le lendemain du mariage de ma sœur, puis mon grand-père. Ce n'est que le début, mais c'est la vie. Il y a un grain de sable dans la machine, des bouts d'enfance s'en vont. Il manque des pions petit à petit. Il ne s'agit pas de les remplacer, mais d'être à l'écoute. Si je me bloque sur mon monde à moi, sur ceux que je connais, je vais être très malheureuse. Il faut donc continuer à aller vers l'avenir, rencontrer des gens forts qui aident à passer les moments difficiles. Et le souvenir de ceux qui sont partis aide à tenir la barre. Merci Pierrot... à bientôt pépé, salut Sylvain, pour une fois Yvan, c'est moi qui serai en retard. Je vous aime tous et j'aime parler de vous parce que j'ai l'impression que vous êtes moins loin. Papotez entre vous jusqu'à ce qu'on arrive, je vous embrasse.

L'amitié aujourd'hui, c'est aussi un garde-fou par rapport à mon métier. Lorsque le succès est là, on a tout le monde à ses pieds. J'ai la chance d'avoir un groupe d'amis exceptionnels, formé bien longtemps avant la notoriété, un noyau composé aussi bien de gens du métier que de gens qui n'ont rien à y voir, les Chêne, les Fugain, les Cassel, les Cassan et quelques autres couples, les Jeribi, les Delisles, les Philippart, les Arguillères, les Leclerc. Nous savons que nous pouvons indéfectiblement compter les uns sur les autres. Nous n'attendons rien professionnellement les uns des autres, nous n'avons rien à nous prouver que notre amitié. Nous partageons les joies et les peines, certains ont été extraordinairement présents auprès d'Yvan, mon copain, lors de sa maladie et m'ont aidée à porter l'absence. Ils sont mes pieds par terre s'il m'arrivait de déraper.

L'amitié, c'est aussi un partage et une fidélité. La vie parfois sépare, oblige à passer à autre chose, mais ceux que j'ai aimés existent toujours.

IV

Ces années d'enfance et d'adolescence restent dans mon souvenir des années de bonheur. Je leur dois les racines de mon équilibre.

L'enfance est pour moi un moment d'innocence et de joie, c'est le droit de rêver sans savoir la vérité. Un enfant, il faut l'aimer pour lui, sans conditions, l'entraîner en douceur de son monde à lui vers un monde plus réaliste.

Les adultes doivent être disponibles, à son écoute, prêts à répondre à tout, la famille doit être sa force et son refuge : quoi qu'il advienne, des bras seront toujours là dans lesquels il pourra se blottir et qui l'entoureront.

On ne peut pas aimer un enfant sans le respecter. Respect de sa personnalité qu'il faut tout faire pour mettre en valeur, de son univers tout en l'amenant progressivement à comprendre qu'il est confronté à d'autres et qu'il lui faut accepter des règles ; par là même, lui inculquer le respect des autres et de la différence. L'aider à développer sa sensibilité, lui dire la vérité autant qu'il peut l'entendre et la comprendre. Il faut l'amener au dialogue. S'il y a un doute, un problème, il doit savoir qu'il sera toujours entendu. Il faut lui apprendre l'échange, et la générosité : recevoir mais aussi donner. Il est indispensable de faire preuve d'exigence et de rigueur et cela n'exclut en rien l'amour et la tendresse. Il faut l'aider à s'armer contre les attaques extérieures.

On reproduit généralement les schémas de sa propre éducation. Sur beaucoup de points, j'adopterai vis-à-vis de mes enfants la conduite de mes parents à mon égard car j'aime ce qu'ils m'ont donné. Leur rigueur et leur exigence, même si parfois je les ai trouvées excessives, et que je les ai vécues comme un manque de confiance, me permettent aujourd'hui d'affronter toutes les situations et d'y être parfaitement à l'aise. Ils m'ont inculqué des principes de vie, des valeurs fortes.

L'autorité parentale, bien souvent remise en cause, est une notion fondamentale à laquelle il ne faut pas renoncer. Elle n'empêche ni le dialogue ni la confiance. Une claque ou une fessée n'a jamais fait mourir un môme. Bien au contraire. Il est rassurant de se dire qu'on s'inquiète de votre absence par exemple – c'est aussi exister aux yeux des parents –, et je pense que les enfants qui tournent mal sont souvent ceux livrés à eux-mêmes : ils vont tenter leur chance pour voir si, enfin, il y aura un interdit.

La rigueur permet de se construire. Elle ouvre des barrières et fait ensuite apprécier beaucoup plus la liberté. La première fois que je n'ai pas eu à demander la permission d'aller seule au cinéma, ce fut génial ! Lorsqu'on a été très serré et que l'on défait une agrafe, on se sent dans un espace de liberté. En ce qui me concerne par exemple, c'est une meilleure façon d'apprécier tout ce qui m'arrive maintenant. Il aurait pu y avoir plus de souplesse, mais bon... ce qui est fait est fait.

J'adore les enfants dont je suis entourée « par procuration ». Six filleuls, et un septième en route, que j'aime tous tendrement. Sans compter quatre neveux et nièce. Sébastien, neveu et filleul à la fois, a onze ans, et Anthony un an. Ce sont les deux fils de Marie. Frédérique et son mari Éric, déjà parents d'un petit Florian, viennent d'ajouter Mégane, ma première nièce, à la liste de mes amours d'enfants. Je les aime si fort qu'il m'arrive d'être en manque d'eux. Sébastien, l'aîné, et moi nous nous téléphonons une ou deux fois par semaine. Nous avons une immense complicité, nous partageons des fous rires – il a un humour qui me touche –, il est ouvert, sympa. Lorsque ma sœur est montée avec lui à Paris la première fois, il avait deux ans. Nous l'emmenions aux spectacles auxquels il assistait sans broncher, faisant l'admiration de tout le monde. Il prend la vie comme elle vient, ni anxieux, ni tourmenté, il est « cool ».

Nous discutons beaucoup ensemble. J'essaie de répondre à ses questions dans des termes qu'il puisse comprendre.

Je crois qu'il ne faut pas mentir à un enfant à partir du moment où il vous interroge : un tel agissement ne peut que conduire à perdre sa confiance le jour où il découvre lui-même la vérité. En revanche, il faut trouver les mots pour ne pas le blesser. La complicité avec un enfant fonctionnera tout au long d'une vie s'il n'y a pas trahison. Les enfants ne devraient jamais supporter les stupidités des adultes.

Lorsqu'il vient passer quelques jours à Paris – il habite Vaison-la-Romaine – seul avec moi, nous vivons sans horaires, comme nous en avons envie, cinémas, spectacles, game gear, restaurants, ce sont les vacances, un temps hors du temps et il le sait bien. On fait des provisions pour ce qui va suivre.

En revanche, en matière d'éducation, tenue à table, politesse, propreté, j'ai les mêmes exigences que sa mère et je retrouve là le comportement que nos parents ont eu à notre égard et qui me semble tout à fait primordial.

Les enfants ont à la fois besoin de repères et d'une certaine liberté. C'est peut-être ce qui a manqué dans notre éducation, la liberté, et ce que nous avons vécu comme un manque de confiance de la part de notre père. Mais un enfant livré à lui-même est malheureux, il faut se heurter à des barrières pour se construire. La meilleure preuve en est l'amour de Sébastien pour son grand-père dont il est très proche malgré sa sévérité, beaucoup moins stricte qu'à notre époque.

Je me retrouve dans Sébastien. Certains de mes amis qui le connaissent bien me disent : « Mais c'est toi dans les colères, dans la façon de dire non, dans l'entêtement, dans la bouille. Il a plein de toi. » Quand il a commencé à venir me voir au théâtre les cinq premières années ou à la télévision, il était indifférent à la notoriété, il s'en moquait complètement. Il ne me voyait pas comme une vedette. Certains de mes amis étaient à ses yeux beaucoup plus importants. De Lionel Cassan qui présentait à l'époque les programmes, il disait : « Je le connais. » Et Mimie ? « Mais je la vois souvent ! » Maintenant, il regarde et me donne ses impressions. Nous avons regardé la cassette d'*Une nounou pas comme les autres* en avant-première, en famille à Noël. J'étais curieuse des réactions. « C'est moins drôle que *Les Visiteurs,* m'a dit Sébastien, mais c'est bien. » Je m'étais inspirée de sa personnalité en écrivant le scénario. J'ai été rassurée d'autant plus qu'il avait participé au casting.

J'avais demandé à ma frangine si elle acceptait qu'il fasse le casting pour jouer le rôle. Il n'avait jamais rien fait, ni pub, ni film, et il est en dehors de tout cela puisqu'il habite le Midi. Je l'avais prévenu qu'il ne serait pas forcément choisi, que le fait d'être mon neveu ne changeait rien à l'affaire. Cela l'amusait. Il a appris le rôle et il est monté à Paris. Il était bon, mais pas transcendant par rapport à Renan qui a finalement été choisi. En outre, nous n'avions pas pensé qu'il était le seul à avoir un accent du Midi à couper au couteau. Lorsque je le lui ai dit, il m'a suggéré de modifier le scénario et de faire de son personnage un enfant adopté. Un peu compliqué pour un seul scénario !

Aujourd'hui, je pense qu'il est fier de moi, mais il prend très placidement ma notoriété, je serais plombier-zingueur, il m'aimerait tout autant. Lorsqu'il m'arrive d'aller le chercher à l'école, je suis sûre que le lendemain j'ai droit à la scène d'autographes... je lui ai suggéré de les vendre !!!, mais fort heureusement, il n'a pas le sens des affaires. Il n'est pas particulièrement sensible au fait de m'avoir vue à la une des magazines. À Vaison, tout le monde sait qu'il est mon filleul. Lorsque ma sœur s'est installée là-bas, les spéculations les plus ahurissantes sont allées bon train. Certains disaient : « C'est son fils qu'elle fait garder par sa sœur. » On ajoutait que j'avais acheté une maison pour les installer ! C'est la rançon de la célébrité, les gens s'imaginent tout savoir sur vous et s'approprient parfois votre vie. Combien de fois ai-je été interpellée par des gens péremptoires :

« On se croise tous les matins Porte de Vincennes.

– Je suis désolée, ça ne peut pas être moi car je ne vais jamais Porte de Vincennes et je ne prends plus le métro depuis quelque temps, j'ai ma voiture.

– Si, c'est vous. Je ne vous imaginais pas si prétentieuse ! Mais je vous dirai quand même bonjour demain ! »

Ou bien encore, comme cela m'est arrivé à Aix avec mon copain Patrick Chêne :

« Vous vous êtes bien remise de votre opération ?

– Quelle opération ?

– À Aix, il y a quinze jours.

– Ce n'est pas moi, je n'habite pas là et je n'ai pas été opérée.

– Si, c'est vous, je vous ai vue à l'hôpital ! » m'a-t-on affirmé.

Patrick a eu beau témoigner en ma faveur, il n'y a rien eu à faire. C'était bien moi.

On finirait par douter !

Enfin, terrible souvenir, au cours d'une dédicace dans un magasin, une femme se dirige vers moi. Elle avait au bas mot dix ans de plus que moi, et elle faisait le double de volume. Elle m'adresse la parole avec un large sourire : « On me confond souvent avec vous. »

Je suis restée muette, tétanisée, ce n'était pas possible.

Aujourd'hui, Sébastien et Maxime, mes deux filleuls aînés, jouent les gardes du corps et ils me protègent. Lorsque je les ai emmenés deux jours à Euro Disney, ils se sont interposés entre moi et un cinéaste amateur. Ils savent que je ne refuse jamais, si on me le demande, un autographe ou une photo mais, en revanche, je déteste qu'on le fasse en catimini, je ne suis pas un objet, ni un meuble.

Pour en revenir à Sébastien, je souhaite qu'il trouve un équilibre dans sa vie, sentimental et professionnel. Moins il en fait, mieux il se porte. Très doué en maths, il est aussi très cool. À cinq ans, il déclarait à sa mère :

« Je ne veux plus aller à l'école, je n'aime pas ça.

– Que veux-tu faire ?

– Maître nageur. Puisqu'il faut juste savoir nager, je n'ai pas besoin d'aller à l'école. »

Comme beaucoup d'enfants plus attirés par les images de la télévision, il n'aime pas lire. En revanche, il chante bien. Il traverse sa période walkman : passionné de Michael Jackson, il peut l'écouter pendant une heure, au grand agacement de sa mère qui maudit parfois mon cadeau : « On a encore des choses à se dire. Alors si à la maison tu pouvais éviter d'avoir en permanence le walkman sur les oreilles... »

C'est un enfant réservé, mais généreux. Je lui avais un jour donné un peu d'argent de poche alors qu'il était chez mes parents. Il les a invités à déjeuner au Mac Do – pas vraiment leur tasse de thé –, Papa a voulu payer. Sébastien, qui avait sorti son billet, avait les larmes aux yeux : « C'est moi qui paye ! » Papa a rangé son portefeuille, un peu gêné de se faire inviter par un gamin de sept ans devant toute la clientèle du restaurant.

Il est très jeune mais je l'encourage, quand nous parlons métier, à trouver une activité qui lui plaise et qui lui permette de bien gagner sa vie car il n'est pas insensible aux facilités de l'existence : « Il ne s'agit pas de faire un truc qui ne te plairait pas, mais si tu le peux, fais des études pour avoir quelque chose de mieux. » Cela me ferait flipper de le voir sans passion, terminer à la chaîne. C'est là sans doute une réaction d'adulte face à un enfant que l'on aime.

Avec Florian et Anthony, je revis toutes les étapes de l'évolution de Sébastien et c'est génial. L'arrivée de Mégane me réserve encore de merveilleuses joies.

J'ai privilégié jusqu'à maintenant ma vie professionnelle. Mais je me dis, toujours avec cette étoile qui brille au-dessus de chacun de nous, que tout se met en place, les cases se remplissent, j'arrive à ma case bébé tout naturellement, du moins je l'espère. Cela suppose bien sûr que je rencontre le papa et que, de plus, tout se passe bien.

Si j'attends un enfant comme moi – une chance sur deux, aujourd'hui on peut le savoir contrairement à l'époque de ma naissance –, je ne le garderai pas. Je ne me sens sans doute pas la force d'affronter le reproche qu'un être pourrait me faire de l'avoir mis au monde s'il ne s'en sortait pas dans sa tête. Mes parents ont été mis devant le fait accompli, ils n'avaient pas le choix. Il ne m'est jamais venu à l'idée de leur faire le moindre reproche, car si j'ai bien vécu cette difficulté, c'est parce qu'ils ont toujours été présents, qu'ils m'ont donné des sœurs, en un mot un contexte et un équilibre familial auxquels s'ajoute un optimisme à toute épreuve que mon enfant n'aura pas forcément. J'ai trente-sept ans et je ne tenterai sûrement pas deux fois le diable. En outre, je suis convaincue que le problème est beaucoup plus difficile à vivre pour un garçon. Il y a un côté « gadget » chez une fille qui permet à l'homme d'affirmer ses tendances protectrices ; un homme a besoin de séduire et une fille n'a pas forcément envie de se retrouver avec quelqu'un de 1,30 m ! Aurais-je le même équilibre si j'étais un homme ?

En revanche, si dans deux ans je n'ai pas rencontré l'homme avec qui je ferai un enfant, je donnerai à ma vie une autre dimension. Je ne veux pas vivre égoïstement comme une andouille, même entourée, sans partage. Le bonheur que j'ai aujourd'hui, je voudrais le faire vivre à un môme qui serait sans famille et qui n'aurait pas les chances que j'ai eues.

Je me sens capable d'adopter et d'élever seule deux enfants. Je voudrais recréer pour ma progéniture les souvenirs fabuleux de mon enfance avec mes franginos. Des enfants qui grandissent ensemble se créent une complicité, ont leur univers qui n'est pas uniquement centré sur celui des parents et qui compense un peu les vides laissés par nos métiers. Les comédiennes assument tout de front, contrairement aux artistes mecs qui vous disent : « Ne faites pas chier, je suis en pleine création, je m'isole un mois dans ma bulle. » Comme le dit ma copine Charlotte de Turckheim dans son spectacle : « J'en ai marre qu'on dise que tout se passe bien. Non, c'est le bordel. Aller chercher les enfants à l'école, les conduire à leurs fêtes, faire les goûters, jouer le soir sur scène, préparer la suite, c'est un bordel total. Ça ne se passe jamais bien, mais on assume tout. Il faut arrêter de croire à la vision idyllique de la femme qui se lève à midi. Une comédienne qui a des enfants ne se lève jamais à midi. Le temps des stars hollywoodiennes, caractérielles et droguées qui ne s'occupaient de leurs enfants que devant les caméras, est révolu, cela n'existe plus. Maintenant, on les emmène à l'école, on les torche et on écrit le spectacle. » Nous sommes souvent plus présentes, malgré les absences dues aux tournées ou aux tournages de films, qu'une femme qui travaille huit heures par jour, qui rentre le soir à la maison pour galérer et assumer les tâches domestiques, car nous, nous sommes très aidées.

La seule chose pour laquelle je me battrai toujours, c'est l'enfance. Comme je le disais, c'est le moment de la vie où on a des rêves. Les casser par la violence, physique ou morale, est pour moi impensable. Je me souviens avoir lu un livre, *L'Enfant derrière la porte,* qui m'a bouleversée. C'est le récit de la vie de ce jeune garçon dont on a tant parlé il y a quelques années, attaché à un radiateur, enfermé par sa mère et l'ami de cette dernière dans un placard dont il n'est pas sorti pendant deux ans. On lui jetait sa nourriture derrière la porte. Ce n'était pas de la fiction. Comment, me disais-je, peut-on être amené à avoir de tels comportements avec un enfant ? Placé dans un foyer d'accueil, il s'en est sorti grâce à une psychothérapie et il reconstruit sa vie progressivement. Il n'a qu'un seul but, fonder une famille, avoir des enfants. Ses blessures semblent cicatrisées. Il n'en veut plus à sa mère – il considère que c'est elle qui est à plaindre –, il a repris le dessus. Mais pour un qui semble s'en sortir, combien resteront marqués à vie et reproduiront les mêmes comportements avec leurs propres enfants ?

J'ai lu il y a quelques mois le livre de Marie-France Botte et de Jean-Paul Mari, *Le Prix d'un enfant,* sur l'enfer de la prostitution enfantine à Bangkok. Lorsqu'elle a commencé son enquête – elle a mis quatre ans à la mener –, les autorités tant françaises que belges ou thaïlandaises se sont indignées, de quoi se mêlait-elle ?

Avec un Thaïlandais, elle s'est fait passer pour une cliente potentielle afin d'infiltrer les réseaux et gagner la confiance de ceux qui mènent ces trafics sordides. « Nous nous tenons par la main, écrit-elle, malades d'horreur. Nous demandons une chambre d'hôtel et nous montons. Nous voyons une gamine de huit ans entrer, se doucher et s'allonger nue sur le lit en attendant que nous sautions sur elle. » Au cours de son récit, elle rapporte qu'elle a rencontré des Européens mariés et pères de famille, notamment un architecte, qui viennent en célibataire « se taper » des enfants de sept ou huit ans, garçons ou filles, généralement séropositifs, ce qui signifie qu'ils contaminent leurs partenaires à leur retour. Tous ces types reproduisent, ils le disent, le schéma qu'ils ont vécu dans leur enfance. Ils ont été violés à douze ans par leur prof de gym ou en camp de vacances par le curé, et on leur a fait croire que c'était normal. L'un d'eux, auprès de qui l'auteur se fait passer pour une perverse amateur de chair fraîche, et à qui elle demande s'il a le même comportement avec ses enfants à Paris, lui a répondu par la négative car, dit-il : « C'est condamné en France. Mais ce serait tellement plus normal qu'une petite fille découvre l'amour avec son père plutôt qu'avec un étranger. » Ce type-là, je ne me pose même pas la question, je le châtre. Je me fiche éperdument qu'il ait été lui-même traumatisé dans sa jeunesse. On touche à un gosse, je coupe les couilles.

Si je peux profiter de ma popularité pour montrer cela au public en adaptant le livre et que les jeunes se disent : « Quelle horreur, plus jamais ! », j'aurai fait quelque chose d'utile.

J'ai été écœurée par le procès du type qui a tué deux petites cousines de huit et neuf ans après les avoir violées. Pour moi, ce procès n'a pas de raison d'être – je vais sans doute faire hurler et je sais que cela n'apportera rien, mais peu importe c'est ce que je pense –, je ne comprends pas qu'on prenne le temps de le juger, il n'a pas le droit de vivre.

Je ne supporte pas que l'on s'attaque à quelqu'un d'innocent, sans défense. Un enfant n'a pas de moyen de réponse alors qu'un adulte s'est forgé un caractère.

J'éprouve la même haine pour les tueurs de vieilles dames.

Je suis saisie parfois d'un terrible sentiment d'impuissance. On ne peut pas tout faire, mais il faut commencer par voir à sa porte. Le pire des comportements est la lâcheté. Je me bats à un petit niveau en aidant, financièrement plus qu'activement, certaines associations pour l'enfance et en gardant les yeux ouverts. Il faut être concerné par tout ce qui touche à l'enfance. Si dans mon entourage j'entendais parler d'un enfant maltraité, j'interviendrais aussitôt, après m'être informée bien sûr, mais je ne laisserais pas passer. Il n'est pas question de fermer les yeux, s'abriter derrière un : « Ce n'est pas mon problème », c'est être complice.

Papa nous a élevées, les unes et les autres, dans cet esprit. Il a assisté, il y a bien longtemps, à un accident sur l'autoroute sans qu'il y ait mort d'hommes. Quatre des cinq témoins ont donné une fausse adresse et une fausse identité pour ne pas être dérangés. Dans le même ordre d'idées, une de mes copines a été témoin d'un accident. Elle observait sur la route deux voitures qui ne cessaient de se doubler. L'une a fait un tête-à-queue, le conducteur de l'autre véhicule a pris la fuite sans qu'elle ait la présence d'esprit de relever le numéro de sa plaque minéralogique. Elle a prévenu les secours et attendu près du blessé qui gisait dans un coma profond. Dans la même situation, je pense que j'aurais relevé le numéro du chauffard, et je l'aurais dénoncé sans aucun scrupule en raison de son comportement ignoble.

Je suis violente dans les mots. Le serais-je dans les actes... ?

Outre le problème de l'enfance, nous sommes tous confrontés à ce phénomène d'indifférence, dans le métro par exemple, lorsqu'un voyageur se fait attaquer. Je prenais un soir le train de nuit Lyon-Bayonne. Papa m'avait accompagnée. Nous buvions un café au buffet de la gare. Un homme commence à engueuler sa compagne injustement, son ton monte. J'interviens dans la querelle : « Foutez-lui la paix puisqu'elle vous dit que ce n'est pas elle, ou alors allez régler vos comptes dehors. » Papa n'a pas le temps d'intervenir que le type me prend par les revers : « Qu'est-ce qu'elle me fait la naine, de quoi tu te mêles ? » Papa s'est levé : « Tu la lâches. » Ça dégénère, les flics interviennent et l'emmènent. Je leur recommande de le garder jusqu'au départ du train car je suis seule dans ma couchette, courageuse mais pas téméraire ! Je n'ai pas supporté de voir un homme brutaliser une femme. C'est plus fort que moi, je ne peux m'empêcher d'intervenir s'il y a une injustice, et je ne suis pas du genre à laisser ma place dans les bagarres. Tant pis, je mourrai peut-être d'un coup de barre de fer assené par un mec débile, mais je ne me tairai pas.

Je tiens ce trait de caractère de papa qui, une nuit, a défendu une jeune femme importunée par trois garçons à un arrêt de bus : de nombreuses voitures étaient passées mais personne ne s'était arrêté.

Il est très important d'être droit et cohérent, tant pis pour les risques.

V

Nous habitions un appartement dans un petit groupe d'immeubles. Tous les locataires se connaissaient, nous avions de nombreux copains, les parents se recevaient. Nous grandissions ensemble.

Les parents ont toujours essayé de préserver la période des vacances, qu'ils voulaient passer en famille. C'est une des raisons – en dehors du coût financier – pour lesquelles nous ne sommes jamais allées en colonie de vacances alors que j'aurais adoré faire cette expérience. J'ai vécu la progression des congés payés, quinze jours, puis trois semaines et enfin un mois. Lorsque nous étions très jeunes, Marie et moi, maman nous emmenait parfois à la campagne où nous restions avec des copains. Nous allions passer quelques jours chez nos grands-parents paternels avant et après les fêtes foraines.

Papa était responsable d'un service. Il prenait ses vacances en juillet pour être présent au moment des grands départs d'août. Nous lui avons longtemps amèrement reproché de se singulariser. Pourquoi ne pas faire comme tout le monde et partir en août ? Son fameux sens de l'abnégation et du devoir ! Lorsque nous revenions fin juillet, notre « cité » était déserte, et nous nous retrouvions avec trois couples de retraités en guise d'animation !

Les parents avaient découvert les VVF après avoir goûté au camping dont, à l'inverse de maman, j'ai gardé un souvenir idyllique. Les déboires engendrés l'année suivante par la location au Malzieu, où il avait fallu remplacer au pied levé l'appartement sordide que nous avions découvert à notre arrivée, nous avaient conduits au VVF local. C'est une sorte de Club Méditerranée, beaucoup plus familial, moins luxueux et dont les établissements sont situés en France et dans les départements français d'outre-mer, la Guadeloupe et la Martinique. C'était l'idéal pour nous. Le club proposait soit des logements en bungalows avec pension complète, les repas étaient alors pris en commun dans la maison centrale, soit la formule moins coûteuse que nous pratiquions, location d'un bungalow comme maison de vacances avec possibilité dans certaines conditions de faire appel au service de restauration du centre. Maman cuisinait la plupart du temps. Quel que soit le mode de logement choisi, l'ensemble des activités sportives était ouvert à tous les membres. Après la brève expérience du Malzieu que nous avions dû quitter rapidement en raison d'une rougeole carabinée de Marie, dont j'avais pris la relève, ils ont exploré les différentes implantations offertes par ces clubs. Le médecin leur avait recommandé l'Océan, qui pouvait avoir un effet bénéfique sur ma croissance. Maman, mes frangines et moi adorons la mer, papa préfère les marches en montagne, l'escalade, il se sacrifiait donc pour nous. Ils ont finalement découvert le VVF de Seignosse qui a joué un rôle fondamental dans ma vie et dans le choix de ma carrière.

Seignosse est situé au bord de l'Atlantique, dans les Landes. Contrairement au VVF du Malzieu, il était relativement important et il n'a cessé de se développer au cours des années. Il regroupe environ trois mille personnes. Il y a un côté mer, un côté forêt, un côté camping-caravaning et une formule bungatube qui propose aux vacanciers la location d'une tente installée par la direction. C'est un peu l'usine, mais on y rencontre beaucoup de gens, les activités sont plus diverses puisque les moyens financiers sont plus élevés, en raison du grand nombre de vacanciers. J'avais tout juste neuf ans lors de notre premier séjour, en 1966.

Seignosse a failli marquer un tournant très important dans notre vie dès la première année. Lorsque nous l'avons découvert, seul le côté mer existait. Il regroupait environ cinq cents personnes, c'était cette année-là très familial. Papa, toujours extrêmement dynamique et chaleureux, participait aux différentes activités et s'était investi dans l'animation. Nous nous sommes faits des copains, les parents se sont faits des amis de vacances et se sont liés d'amitié avec le directeur du centre, monsieur Pécastaings, et sa femme. En fin de séjour, monsieur Pécastaings a suggéré à papa de prendre la direction d'un centre dans le Sud-Ouest. Un poste était à pourvoir à Cap-Breton, papa lui semblait avoir toutes les qualités requises pour exercer ce métier, alors pourquoi pas ? Nous étions, Marie et moi car Frédérique était trop petite, enthousiastes, c'étaient les vacances garanties toute l'année ! Papa a longuement hésité, la proposition le séduisait. Il a finalement refusé, d'un commun accord avec maman. Si les centres ne sont pas ouverts douze mois par an, la gestion et l'organisation nécessitent, en revanche, une présence constante du directeur toute l'année. C'était faire le choix d'une vie sans horaires mais qui pouvait comporter quinze à vingt heures de travail quotidien pendant les périodes de vacances estivales : finie la vie réglée, je rentre à 18 heures chaque soir, moins de contrôle sur les filles. C'était un changement de vie total et une remise en cause de l'équilibre familial et de l'éducation tels que les parents les concevaient.

Au fil des années, nous avons goûté, à Seignosse, à un semblant de liberté. Nous n'étions pas lâchées dans la nature mais nous appartenions à un club, dont les parents connaissaient beaucoup de membres. Ils savaient où nous étions, et ils rencontraient nos copains. Pour la première fois, à quatorze ou quinze ans, j'ai eu le droit d'aller à une boum au pavillon central. La seule contrainte était la permission de minuit – j'aurais préféré minuit et demi – et la présence des parents qui venaient m'attendre à l'heure dite, et il n'était pas question de traîner. Je n'étais pas la seule dans ce cas, ce qui rendait les choses moins dures vis-à-vis des copains. Comme le camp était relativement étendu et les bungalows dispersés dans les dunes, j'étais plutôt contente, mais je ne l'aurais pas avoué, de rentrer avec eux. Seignosse est pour moi synonyme d'autonomie.

Les événements de 1968 n'ont guère laissé de traces dans ma mémoire, si ce n'est une réflexion et un fait : nous serions dans les livres d'histoire – l'école avait continué à fonctionner –, et nous avons passé l'été à Bron car il était impossible à papa de s'absenter. Nous sommes parties à Balaruc-les-Bains, à côté de l'étang de Thau dans le Midi, en septembre. Le regret de n'avoir pas été à Seignosse fut tempéré par le plaisir de faire la rentrée des classes le 15 septembre, cuites par le soleil. Magnifique souvenir.

Au fil des étés, je devenais de plus en plus indépendante et je me rapprochais des animateurs qui, pour certains, revenaient d'une année sur l'autre. Progressivement, j'étais devenue vraiment très copine avec eux. Je m'étais liée avec une Parisienne dont le beau-frère et la sœur travaillaient sur place. Elle y passait trois mois. À la fin du mois de juillet, lorsqu'il fallait repartir pour Bron et abandonner le soleil et la mer pour le travail dans le service de papa où il m'avait fait embaucher, c'étaient des regrets éternels. J'étais chaque année plus catastrophée : « Mon dieu, si je pouvais passer trois mois là, quel bonheur ! » Nous nous écrivions pendant trois mois, et puis on oubliait pour se retrouver l'année suivante.

Je commençais à envisager de passer de l'autre côté de la barrière. Ils étaient une dizaine, animateurs sportifs, animateurs des jeunes, animateurs des ateliers... une bande entre vingt et trente ans, sensiblement plus âgés que moi, avec qui je m'entendais très bien. Je participais chaque fois que je le pouvais au spectacle en chantant sur scène.

Des artistes se produisaient parfois pendant l'été, ou d'autres venaient roder leurs spectacles. Ce n'était pas des têtes d'affiches mais leur talent aurait souvent mérité une meilleure notoriété. Je restais là des heures à les regarder s'installer. Ça me faisait rêver.

J'ai toujours eu le goût du spectacle. Un des plus beaux cadeaux dont je me souvienne m'a été offert par le chanoine, ami de mes parents qui m'a fait faire ma communion solennelle : un petit magnétophone à bandes avec micro. Mes cousins et moi enregistrions des bandes, nous montions des émissions, nous jouions des scènes plus radiophoniques que visuelles ; nous avons beaucoup déliré avec cet objet. Lorsque nous étions en vacances Dominique, ma cousine, Babeth et moi – nous devions avoir entre douze et treize ans –, nous montions un petit spectacle. Nous réalisions une mise en scène, des décors et nous écrivions un sketch. Nous jouions en play-back sur une chanson. Le dernier jour des vacances, nous nous produisions devant le public attentif que constituaient nos parents. J'adorais. En revanche, à l'école, contrairement à aujourd'hui, l'atelier théâtral était inconnu et je n'ai pas conservé le souvenir que nous ayons monté des spectacles de fin d'année. Dommage.

Dès les premières années à Seignosse, nous préparions avec le club des jeunes un spectacle que nous jouions devant un millier de vacanciers. Là, j'ai commencé à répéter, et à entraîner ma bande.

J'étais connue comme le loup blanc au VVF. Je sais toujours ce que je veux faire, c'est bon ou pas bon, je peux me tromper mais je ne suis pas hésitante. Je décide mais après avoir réfléchi. Marie doute, elle a besoin de l'avis de son entourage.

Mon tempérament de meneuse lui a longtemps porté ombrage. Elle était « la sœur de Michèle ». J'occupais tout le terrain. Elle se sentait écrasée. Marie avait l'impression qu'elle n'existait qu'à travers moi, de n'être rien aux yeux des autres. À Seignosse, elle n'avait pas de bande, ce qui n'était en revanche pas le cas à Bron. Désolée, petite sœur, ce n'était pas volontaire. Ça a été un déclenchement dans sa volonté, dès treize ans, de faire du parachutisme : « Le jour où j'en aurai le droit, je passerai mon brevet de parachutisme. On dira alors, c'est Marie qui fait du parachutisme et non pas "c'est la sœur de Michèle". » La première fois que les parents sont partis en vacances avec les filles sans moi qui débutais comme animatrice, Marie leur a avoué : « Ce sont mes premières vraies vacances, parce que je n'ai pas Michèle. » Elle était libérée.

Avec Frédérique, les relations sont différentes : elle a sept ans de moins que moi, je suis la grande. Nous n'avions aucune activité en commun. Nous sommes plus proches de tempérament. Nous rions des mêmes choses. Quand je joue, je sais immédiatement si Frédérique est dans la salle, je connais son rire par cœur et je sais à quel endroit je l'entendrai. J'ai des fous rires sur scène à cause d'elle. Elle est le lien entre les trois filles : je suis plus proche d'elle que de Marie, et Marie est plus proche de Frédérique que de moi. Marie a un caractère fort – c'est sans doute elle qui a eu l'adolescence la plus « révoltée », que les parents n'ont pas oubliée –, elle et moi ne cessons de nous chamailler et nous ne pouvons guère passer plus de quelques jours ensemble sans nous titiller, pour tomber cinq minutes après dans les bras l'une de l'autre. Nous partageons toutes les trois le goût de rire, le sens de l'humour et de la famille : dès que nous pouvons nous retrouver ensemble, c'est un bonheur. Nous avons la même conception de la vie, fondée sur le respect les unes des autres, nous partageons les mêmes valeurs transmises par nos parents, et il existe entre nous une solidarité exemplaire.

Il y a deux ans environ, nous avons vécu une période douloureuse toutes les trois. Nous étions en vacances à Vaison-la-Romaine chez Marie, c'était l'été. J'avais quitté Les Filles la dernière représentation du *Gros N'Avion* achevée, et j'étais dans une période d'incertitude. Je vivais mal la rupture avec Michèle Bernier et Isabelle de Botton, entraînée par ma décision de monter un one-woman show ; Frédérique terminait une histoire sentimentale et n'avait pas encore rencontré celui qui allait devenir son mari ; la vie sentimentale de Marie n'était pas géniale non plus ; quant à moi, dans ce domaine-là, je venais de me faire jeter par mon dernier coup de cœur. Nous étions en pleine mue toutes les trois. Les non-dits s'accumulaient, alourdissant l'atmosphère. Nos désirs étaient à l'opposé. Frédérique et Marie n'avaient qu'un souhait, faire des confitures, mettre de la lavande en sachets. La broderie et le canevas me tombaient des mains, je proposais des sorties, prendre la voiture, manger au restaurant, aller danser, que sais-je ?

J'ai besoin de bouger, je ne suis pas une femme d'intérieur. J'aime être entourée, j'aime les grandes tablées. Cela me faisait plaisir de les inviter mais leur réponse était invariablement : « On ne peut pas te le rendre. » On aurait pu résumer leur attitude par : « Tu peux faire ce que tu veux, pas nous. Donc, laisse-nous à nos confitures et va vivre ta vie puisque tu peux t'offrir autre chose. » Elles estimaient qu'elles ne pouvaient pas suivre :

« Il n'y a pas de raison que tu fasses tout, arrête de nous offrir des choses qu'on ne peut pas faire.

– Que les choses soient claires une fois pour toutes, rétorquais-je, je ne vais pas, sous prétexte qu'on ne peut pas faire tous les mêmes choses, garder tout pour moi et l'offrir à quelqu'un d'autre. »

Pour moi, tout le monde doit en profiter. J'ai expliqué à Marie que le plus beau cadeau qu'elle me faisait, c'était mon neveu, et que nous ne nous devions rien entre nous.

Elles en étaient venues à penser que seule l'apparence comptait pour moi : « Il n'y en a que pour elle. Si on ne dépense pas d'argent, on n'existe pas, elle n'est pas contente. » Je me suis sentie mise en accusation sans qu'elles-mêmes se posent des questions :

« Tu n'as plus le sens des valeurs, tu t'emmerdes partout, nous ne sommes plus sur la même longueur d'ondes. Tu es déphasée, remets-toi en cause. »

Elles déduisaient de mon refus d'entamer la conversation lorsqu'un chasseur d'autographe m'abordait alors que je buvais une menthe à l'eau avec Sébastien – je signais et je répondais poliment mais brièvement – que je ne supportais plus que l'on me reconnaisse. « Tu as déjanté », me disaient-elles.

J'avais la même impression à leur égard. Le comble a été atteint lorsque Frédérique, qui avait l'habitude de m'accompagner en Corse chez des amis, m'a prévenue au dernier moment qu'elle préférait rester chez Marie. J'ai vécu tout cela comme une forme de rejet. Nous ne nous sommes pas parlé pendant des jours. J'avais l'impression qu'elles s'étaient liguées contre moi.

Sur le moment, j'ai trouvé cela terrible. « Elles n'ont rien compris, pensais-je. Je garde des goûts simples, je ne vis pas dans un palais. Pour moi, gagner de l'argent c'est le partager. J'ai envie d'en faire profiter ceux que j'aime. Elles en sont à me reprocher de faire des cadeaux et de trop gâter les enfants... » Si je peux le faire, je le fais, les enfants savent aussi que des périodes creuses suivent des moments fastes, nous en avons parlé ensemble. C'est la tendresse qui compte.

Cela a duré plus d'un mois. Nous n'avions rien à nous dire. « C'est une mauvaise phase, me suis-je dit. Je ne ferai pas un pas. Qu'elles prennent cela comme elles veulent, ce n'est pas grave. Elles vivent leur stade "il y a des choses que l'on n'a pas, elle va nous écraser". » Nous avons des tempéraments extrêmes et c'est vrai que je suis assez dominatrice. Quand j'ai une idée, j'ai un peu tendance à considérer qu'elle est la bonne. J'explose facilement, elles ont dû se dire : « Mais pour qui se prend-elle ! » Chacune restait sur sa position, deux contre une.

Un jour, Frédérique m'a appelée :

« As-tu réfléchi à ce qu'on t'a dit ? »

Je lui ai rétorqué :

« Remettez-vous en cause aussi. »

Un mois de non-communication. Les parents savaient ce qui se passait mais ils ont eu la sagesse de ne pas intervenir. Ils jouaient les messagers entre nous trois... Calme plat. Et puis un jour, j'étais alors à RMC, j'apprends juste avant de prendre l'antenne la catastrophe de Vaison-la-Romaine. Je lâche tout, je fonce en régie pour tenter de téléphoner, impossible, tout est coupé. J'appelle ma frangine à Lyon. Elle n'est au courant de rien. C'était l'anniversaire de mariage de nos parents à qui, chaque année, on offre à cette occasion un dîner dans un grand restaurant. Ils étaient absents de chez eux.

Je remue ciel et terre auprès de la rédaction de RMC dans le Midi pour qu'ils retrouvent la trace de Marie. Rien. Au cours de la nuit, on a communiqué un numéro qui permettait d'obtenir des nouvelles des habitants. J'appelle :

« Avez-vous la liste des disparus ?

– Oui, mais on ne peut rien vous dire. »

Je les insulte... Mon anxiété est à son comble. La direction de RMC n'a aucun renseignement. Finalement, en début de matinée, le lendemain, mes parents appellent :

« Nous avons eu Marie. Tout va bien. Ils sont sains et saufs, leurs amis aussi. La maison n'a pas été touchée, tout va rentrer dans l'ordre. »

Nous nous sommes appelées le lendemain sans faire allusion à nos différends. Il y avait des choses plus importantes. Marie m'a annoncé que j'allais être tata pour la deuxième fois. Le jour de la catastrophe, elle était passée au laboratoire où on lui avait confirmé qu'elle était enceinte. Deux heures plus tard, le laboratoire était sous les eaux.

Nous n'avons jamais reparlé de cette brouille. Vaison a remis les choses en place. Chacune, dans son for intérieur, a simplement pu se dire : « Je suis complètement idiote. Il n'y a pas de comparaison à faire entre nos vies respectives, il y a à vivre ensemble. »

Toutes les trois, nous avons retrouvé un équilibre, et elles ont peut-être mieux compris ce qui faisait le mien. Un jour, si j'ai un coup dur, je sais qu'elles seront toujours là. Les cadeaux, ce n'est pas forcément une question d'argent mais bien plutôt d'idées. C'est sans doute difficile d'accepter avec simplicité ce que je veux partager car, comme le dit papa, « tu gagnes ce que je n'aurai jamais gagné dans toute ma vie ». Et alors ! Je ne vais pas le refuser sous prétexte que cela ne vous est pas arrivé ou en faire profiter les seuls copains. Nous sommes parties ensemble en voyage, à deux ou à trois. Elles étaient contentes, mais ennuyées. Maintenant, les choses sont claires. Elles ont compris que je n'avais pas envie de les écraser. Je n'ai qu'une réponse : ne comparons pas au niveau du chéquier – je ne vais pas mourir avec mon écureuil –, comparons au niveau des sentiments. Elles me rendent beaucoup. Ce que je fais, ce n'est jamais dans le but d'être remerciée, elles le savent, et j'essaie d'y mettre suffisamment de cœur pour qu'elles puissent accepter et se sentir libres. Mais j'aime aussi leur honneur dans ce domaine.

Vaison-la-Romaine, cela a été « attention, on a failli se perdre, alors, stop ». Nous nous aimons toutes les trois. Elles sont, me semble-t-il, contentes et fières de ce qui m'arrive, mais elles gardent leur vie et leur façon d'être. Maintenant, elles sont heureuses et c'est bien.

Vaison-la-Romaine a permis à chacune de se situer et de se reconnaître.

L'année de mes dix-huit ans, monsieur Pécastaings, le directeur du centre, a proposé de m'embaucher.

« D'accord, Michèle, je te fais confiance. Tu seras responsable de l'affichage qui informe les vacanciers des programmes de la semaine. Tu sais un peu dessiner, tu vas faire les affiches. Tu as assez de tempérament. Ce sera ton domaine. »

J'avais bien un doute sur mes talents de dessinatrice, mais il fallait commencer par y croire moi-même si je voulais le convaincre. J'ai accepté et j'ai foncé sans savoir où j'allais.

En juillet, les parents étaient là, en vacances. Pour la première fois, je ne partageais pas leur bungalow mais celui des quatre copines avec qui je travaillais. Ce fut la découverte de la liberté, je pouvais rentrer à 4 heures du matin sans qu'ils s'en rendent compte. Au mois d'août, ils sont repartis pour Bron. J'étais enfin totalement libre !

J'ai vécu une sorte de griserie. Je n'avais plus les parents sur le dos, aucun compte à rendre. Notre bande dînait au restaurant, sortait en boîte, c'était la rigolade totale. Nous n'avions aucun souci. Nous étions logées, nourries, sans problèmes financiers puisque la paye tombait à la fin de chaque mois !

C'était aussi « vacances-boulot » et, sur ce plan-là, j'étais très sérieuse. Les sorties nocturnes n'interféraient pas avec les tâches que j'assumais : prévoir les affiches en fonction des réjouissances, les dessiner, et les coller. Je n'étais pas cantonnée à mon local, si j'avais terminé à midi, libre à moi de faire autre chose. Rien ne m'empêchait alors de rejoindre les animateurs avec qui je mettais vraiment le pied dans l'animation.

J'étais très copine avec eux tous. Je leur apportais mes idées et j'animais certaines soirées. Dès qu'il y avait du spectacle dans l'air, j'étais volontaire pour y participer, j'avais envie de faire rire, du naturel sur scène et le sens du public. Je découvrais mes premières émotions avec le trac qui noue l'estomac et la chanson qui passe si vite qu'on a à peine le temps de s'en rendre compte. Là, j'étais un peu la mascotte de l'équipe. Ce furent deux mois de bonheur, d'amitié et de rires. Sentimentalement, j'avais bien eu des coups de cœur, mais rien ne s'était concrétisé. C'était le point noir de ma vie.

En septembre, j'ai quitté Seignosse pour prendre le chemin de la fac avec la ferme intention de revenir l'été suivant.

Cette première année de fac a été riche en amitié, en découverte. Elle a été aussi l'occasion d'une nouvelle rencontre avec Michel Fugain.

J'étais passée deux jours auparavant sur le lieu où on montait les chapiteaux et j'avais appris que le *Big Bazar* arrivait pour une semaine. Je m'étais liée avec les monteurs qui m'avaient promis de me laisser entrer. Ce soir-là, en passant par hasard en mobylette, je repère les camions vidéo FR3, j'entends des voix : on enregistre la promotion du spectacle. Je me faufile et je me mets dans un petit coin, silencieuse, sans bouger. J'attends sans broncher la fin de l'enregistrement de l'interview de Fugain et de sa femme, et je prends mon courage à deux mains :

« Bonjour, je m'appelle Michèle, est-ce que je pourrais vous parler cinq minutes ? » Et j'ajoute : « Faut-il que je te vouvoie ou est-ce que je peux vous tutoyer ? »

Il sourit, « on se tutoie », et il me fait asseoir en compagnie de Stéphanie, sa femme. Nous avons parlé une demi-heure ensemble :

« J'ai très envie de faire ce métier. Je sais que cela peut faire sourire, mais j'ai envie de le faire tel que vous le présentez. Pensez-vous que j'ai une chance ? »

Il casse mon rêve.

« J'arrête le *Big Bazar.* Je vais monter une autre troupe, La Compagnie, où je ne prendrai que des professionnels. Le *Big Bazar* continuera seul. Mais si tu veux tenter ta chance avec le *Big Bazar,* les auditions commencent dans quinze jours.

– J'aimerais mieux travailler avec vous.

– Qu'est-ce que tu fais ?

– Des études de sciences éco.

– Finis tes études. Bosse. Quand tu as quelque chose à me montrer, tu me le montres.

– Qu'est-ce que tu veux dire "quelque chose à me montrer" ?

– Si tu as un numéro. Prends des cours de chant, des cours de danse. Travaille ce qui te fait plaisir. Je te laisse le numéro de téléphone du bureau. Viens me montrer quand tu seras prête. »

Il voulait simplement me dire : « Bosse tes études et ta passion puisque tu as l'air passionnée. Mais surtout, travaille les deux. »

Il m'a invitée à venir à toutes les représentations de la semaine, et nous nous sommes quittés.

J'ai assisté chaque soir au spectacle ; les deux derniers soirs, j'étais au premier rang et je me répétais : « Il faut que je le fasse, je dois le faire. »

Je voulais offrir aux Fugain un souvenir de moi. J'avais très peu d'argent, j'ai choisi quatre coquetiers. Stéphanie les a gardés très longtemps. Je l'avais touchée. Nous avions parlé un peu ensemble, elle m'avait dit qu'elle voulait faire un deuxième bébé, je m'étais sentie son amie... il fallait que je m'accroche.

Le chapiteau a été démonté. Je me retrouvais seule mais j'avais une porte ouverte et la ferme intention de continuer mes études et, comme j'adorais les claquettes, de m'inscrire à un cours avec une copine : c'était plus amusant que de le suivre seule.

Pendant trois mois, nous avons travaillé les claquettes comme des acharnées. J'ai mis au point un numéro spécial avec mon professeur pour en mettre plein la vue de Fugain. Un peu avant Noël, je l'ai appelé :

« J'ai quelque chose à te montrer.

– Viens. »

Je suis partie pour Paris, accompagnée de ma meilleure amie, Isabelle, ma copine de lycée, pour passer l'audition. Il allait me dire oui ou non. J'ai pensé que ma carrière se jouait là.

Nous sommes arrivées deux heures en avance. Nous avons tourné dans le quartier. Enfin, le moment du rendez-vous... Fugain est occupé dans le bureau voisin. Effondrée, je regarde le sol. J'ai travaillé un numéro de claquettes et il y a de la moquette partout, à l'exception d'un petit carré de carrelage dans les WC... l'angoisse.

« Alors ?

– J'ai appris les claquettes.

– Je déteste ça. C'est ringard au possible, démodé. Seuls Gene Kelly et Fred Astaire savent les pratiquer. Nous, Français, nous sommes des amateurs. Et puis, ce n'est pas mon truc.

– Mais l'audition ?

– Écoute, Michèle (j'étais encore Michèle), tu n'as travaillé que trois mois. Continue et je te promets que si un jour quelque chose se passe et que je puisse t'aider, je le ferai. Mais continue, tu n'es pas prête. Si tu veux vraiment le faire, tu y arriveras. »

C'était un moyen de ne pas me claquer la porte au nez et de me faire comprendre : « Si toi, tu y crois, tu y arriveras, mais je n'y croirai pas à ta place, ni personne. »

Je n'ai pas fait mon numéro. J'étais dépitée. Nous sommes sorties, Isabelle et moi, et nous nous sommes précipitées dans le premier bistro venu où nous avons « sifflé » chacune un porto. J'ai pleuré pendant dix minutes, puis nous sommes allées au cinéma. Et nous avons profité de nos trois jours à Paris pour nous balader.

À mon retour à Lyon, j'ai eu une conversation avec les parents : « Maintenant, ma chérie, tu es allée jusqu'au bout. Tu finis tes études, il te l'a dit. On verra après. » Ils connaissaient ce désir que je portais en moi, mais plus comme un hobby et ils ne s'en inquiétaient pas trop : « Elle aime ça, c'est sûr. Mais tant que rien ne se présentera, on est tranquille. » Ils savaient que je ne voulais pas me ramasser.

Je n'avais pas les moyens de m'offrir un cours particulier de danse ou de comédie. À Lyon, les gens me paraissaient ringards. J'avais l'impression qu'il était inutile de se battre pour rien : les professeurs comprendraient-ils qu'il fallait s'adapter à ma taille, que je ne pouvais pas danser comme tout le monde ? Je ne le pensais pas. Si j'avais rencontré des gens du café-théâtre, j'aurais sans doute travaillé, j'aurais peut-être pris des risques. Je me suis réfugiée, sans doute inconsciemment, derrière le sentiment que ce n'était pas pour moi, mais que si une opportunité se présentait, je la saisirais. Je voulais faire une carrière normale, et seul Fugain me semblait capable de le comprendre.

J'ai donc repris le chemin de la fac et j'ai terminé mon année de claquettes.

Ma première année de fac, réussie, en poche, je suis partie pour Seignosse bien décidée à m'éclater encore plus. Puisqu'on ne voulait pas de moi sur scène, j'allais me rattraper au VVF. Cette année-là, les parents choisirent d'aller à la montagne avec mes frangines. J'étais vraiment libre comme l'air.

Je n'étais pas conventionnelle. J'avais sûrement l'intuition que si je l'étais, c'était fichu. J'allais me rendre compte très vite que je ne rentrais dans aucun créneau, il valait donc mieux en créer un nouveau et que tout le monde se dise : « Comme j'aimerais y être ! » C'était une façon de biaiser. Je ne voulais pas essayer d'être comme les autres, mais je pensais que les autres n'avaient pas forcément envie d'être comme moi. Il ne faut pas se dire qu'on est différent, mais que les autres sont différents aussi. Il y a un aspect positif dans ce raisonnement que j'ai toujours tenu.

Je prenais contact avec le public qui, s'il n'était pas un vrai public, était tout à fait capable de juger ce que nous lui proposions.

Nous avons donc commencé, quelques animateurs et moi, à bâtir réellement des spectacles. Nous écrivions des sketches à partir de blagues, nous faisions la mise en scène, j'imaginais les enchaînements et j'adorais préparer l'ordre des numéros pour faire prendre la mayonnaise. Je me servais aussi des spectacles de Fugain. J'avais enregistré trois ou quatre de ses chansons et je faisais chanter en play-back. Comme je connaissais le spectacle par cœur, je faisais répéter à chacun son rôle exactement comme il devait être joué. J'étais exigeante, je voulais que cela soit parfait. Je menais tout le monde.

C'est alors que le directeur dit à mes parents lorsqu'il les revit : « Dès qu'elle est sur scène, elle est transfigurée. Elle peut passer des heures à répéter... un jour, elle y arrivera. »

J'avais rencontré l'année précédente au VVF un animateur génial, marié, père de famille. Son ménage battait de l'aile. Nous étions devenus très amis. Je l'aimais bien. Il me faisait rire. C'était un dragueur enragé et autour de lui, ça déménageait ! Nous comptions les points, mes copines et moi, écroulées de rire, mais nous l'étions un peu moins lorsque sa femme arrivait.

Je le retrouvai cet été-là. Ils étaient au bord du divorce. Ce qui devait arriver avec ce tombeur arriva. Il m'a fait franchir une étape, de jeune fille je suis devenue femme. Il m'a rassurée sur moi-même. Il m'a donné confiance en moi. Je savais très bien que cette relation n'aurait qu'un temps et qu'il n'était pas l'homme de ma vie. Mais comme toutes les femmes dans cette situation, j'ai tout de même pensé à un moment : « Il va peut-être tout lâcher pour moi », alors que je savais qu'il ne le ferait pas.

Il m'a fait un bien énorme physiquement et moralement. Il m'a appris à m'accepter telle que j'étais, le problème n'existait plus. J'ai gardé pour lui une immense tendresse.

J'ai téléphoné à papa – il était plus cool, plus ouvert, il avait bougé :

« Ça y est.

– C'est bien ma grande, c'est ta vie. »

Les parents n'avaient plus que l'angoisse de me voir plaquer mes études pour rester là-bas. Mais c'était écrit comme cela, il n'y avait aucune raison de changer le destin. Il y avait entre nous un échange : il réglait ses problèmes de divorce, je l'aidais à amortir le choc du départ de ses enfants, qu'il adorait, avec sa femme. Lui m'apportait sa tendresse, son côté protecteur, sa force.

Cette relation a été très forte. Je suis repartie mi-octobre pour Lyon. J'entrais en année de licence.

Le retour a été dur. J'avais vécu une pleine indépendance et l'idée de retomber sous le contrôle paternel ne m'amusait guère. J'aurais bien aimé prendre un studio, mais comment l'assumer ? Les parents considéraient, à juste titre, que si nous voulions partir nous devions nous en donner les moyens. C'était impossible. Habiter chez les parents, c'était aussi le confort de n'avoir rien à assumer en dehors des études. C'était très pratique.

Les parents ont compris, sachant ce que j'avais vécu, qu'il fallait lâcher du lest. Il était bien entendu que la maison n'était pas un hôtel, je devais prévenir de mes absences et donner des heures de retour et, à cette condition-là, qui n'était pas extravagante, j'ai joui d'une assez grande liberté.

Je n'oubliais pas mon premier amour et, en février, je n'ai pas résisté. C'étaient les vacances. Sans l'appeler, je suis partie lui rendre visite ou plutôt leur rendre visite... car il s'était installé avec une nouvelle femme.

Je me suis carrément fait foutre à la porte et je me suis retrouvée toute seule, dans une ville où je ne connaissais personne. Il n'y avait plus de train, j'ai dû attendre le lendemain pour repartir pour Lyon.

Je suis allée au cinéma ce soir-là voir *Tendre poulet* et, pendant une heure et demie, j'ai tout oublié. Lorsque le générique s'est déroulé, je me suis remise à pleurer, j'ai de nouveau réalisé que j'étais toute seule ! Chaque fois que je revois ce film, je ris en repensant à mon épisode « seule dans une ville, rejetée, abandonnée de tous ».

En sortant du cinéma, je me suis fait mon film perso : « Personne ne m'aime, mais d'un autre côté il me regarde comme une femme, il n'a pas de pitié et c'est plutôt bien. » Mais j'aurais bien aimé qu'il me considère comme moi, et je redoublais de larmes. Je n'ai jamais pensé au suicide mais à me noyer dans le Johnny Walker ! J'ai bien dormi et le lendemain je suis rentrée, le cœur gros et un peu barbouillée par les relents de whisky.

J'avais vécu mon premier drame d'amour et cela m'a fait du bien. Je suis fidèle aux souvenirs et, sans cet épisode, j'aurais sans doute gardé trop longtemps cette histoire dans ma tête. Il fallait que cela casse net pour que je passe à autre chose. C'était son tempérament de rompre brutalement, je ne voulais pas le changer et il ne voulait pas me changer non plus.

Cela m'a servi de leçon. Si je débarque, je ne le fais jamais sans prévenir !

Pendant plusieurs mois, nous ne nous sommes pas donné de nouvelles. Nous nous sommes revus par hasard et nous en avons bien ri. « Tu me faisais chier, tu étais collante. » C'était sûrement vrai. Sa vie ne s'était pas simplifiée !

Nous nous revoyons régulièrement. Il a vu mes spectacles et m'a félicitée pour la *Nounou.* Nous sommes très bons copains maintenant, sans ambiguïté, mais je sais qu'il sera présent jusqu'au bout. C'est une déclaration de tendresse que je viens de faire, celui à qui elle s'adresse comprendra.

J'avais besoin d'augmenter mes revenus. L'argent de poche dispensé par le trésorier familial qu'était papa ne me permettait pas d'assouvir tous mes besoins. J'avais donc imaginé de donner des cours de rattrapage à de jeunes élèves en difficulté. J'ai commencé par les enfants de l'immeuble, puis petit à petit ma « réputation » s'est étendue par la grâce du bouche à oreille. Je donnais environ dix heures de cours par semaine. J'ai parfois souffert, et en particulier le mercredi après-midi, au cours duquel je cumulais quatre heures de cours. Certains enfants, croyez-moi, ne sont vraiment pas faits pour les études, c'est une absurdité de les forcer à entreprendre ce parcours d'obstacles. Il y a de nombreux métiers manuels dans lesquels ils s'épanouiraient beaucoup plus et où ils gagneraient mieux leur vie !

J'ai également fait une tentative au moment de Noël auprès des grands magasins, le Monoprix de ma ville en l'occurrence. C'est une période propice à l'embauche de personnel intérimaire pour l'empaquetage des cadeaux. Le chef du personnel motiva son refus par sa crainte que je ne sois pas à la hauteur pour faire les paquets ! Argument bien léger quand on voit la tête de certaines vendeuses dont on se demande si elles ne feraient pas mieux de se cacher sous leur caisse ! Il y aura toujours des gens de ce type qui affirment n'être pas racistes, qui pensent être les stéréotypes parfaits de la société d'aujourd'hui et de demain et pour qui il faut mettre à l'écart ceux qui ne leur ressemblent pas afin qu'ils ne soient pas dérangés.

L'année s'est achevée sans faits marquants. Ç'avait été une année de fêtes amicales, et de complicité. À l'issue des examens, je suis partie pour Seignosse. J'ai appris là-bas que j'avais échoué à la licence à trois quarts de point. J'ai été soulagée. Il n'était pas question pour moi de me représenter. Je ne voulais pas exercer un métier de bureaucrate et je préférais travailler quinze heures par jour comme animatrice que huit heures dans un bureau. J'ai annoncé à mes parents que j'arrêtais mes études et que ce serait bien le diable si je ne trouvais pas un contrat de trois mois pour l'hiver en VVF.

VI

L'échec à la fac favorisait mon entrée dans la vie active. Ma réaction a été : « Maintenant, je vis pour m'éclater. Fini le travail tous les soirs pour préparer l'examen de fin d'année ! »

Je quittais certes la bande de copains avec qui j'avais déliré pendant trois ans, mais je partais pour un autre univers. Je retrouvais la troupe d'animateurs à laquelle j'étais liée depuis trois ans également.

Ma décision d'abandonner mes études n'a pas été vue d'un bon œil par les parents. J'étais attachée à l'argent, comment pourrais-je envisager de me contenter d'un salaire d'animatrice ? Nous étions nourris, logés, blanchis, certes, mais j'avais des goûts dispendieux... Ne me lasserais-je pas de la vie d'animatrice, de la bonne humeur permanente et du sourire obligatoire ? Leurs arguments n'étaient pas dénués de sens.

Enfin, avais-je l'intention de reprendre des études si je considérais un jour que je m'étais trompée ? J'ai acquiescé à cette dernière interrogation : cela allait de soi ! Il fallait leur laisser de l'espoir.

C'est Jean-Alain, mon chef-animateur préféré, qui m'a aidée à les convaincre. Il leur a expliqué gentiment que ma décision était prise et qu'il était difficile de m'obliger à continuer dans une voie qui n'était manifestement pas faite pour moi. Il leur a fait valoir que j'avais acquis en trois ans de fac une bonne ouverture d'esprit qui me permettrait, le cas échéant, de m'en sortir. Par ailleurs, il existait des possibilités de progression dans l'échelle hiérarchique des VVF, j'avais non seulement les capacités mais aussi suffisamment de volonté, je l'avais prouvé, pour devenir un jour directrice d'un centre. Enfin, dernière invocation qui les toucha, des parents ne devaient-ils pas plutôt faire confiance et encourager le choix de leur fille ? Son argument choc a été de leur faire admettre que les garçons perdent bien un an à faire leur service militaire, si je me trompais, cette année serait pour moi l'équivalent.

Ils se sont rangés à ma décision, merci Jean-Alain.

Le passage s'est donc accompli, sur la lancée, en douceur. Jean-Alain a présenté ma candidature à la responsable du centre des Ménuires. Ce n'est que le matin du jour où nous avions rendez-vous pour signer mon contrat qu'il l'informa de ma taille :

« Ce n'est pas possible, elle va être en contact avec des vacanciers...

– Je travaille avec elle depuis quatre ans, les vacanciers la connaissent, il n'y a aucun problème, rencontrez-la. »

Nous nous sommes vues une heure. Elle a rappelé mon copain :

« Vous aviez raison, je suis complètement idiote. »

J'ai quitté Seignosse en septembre ; nous nous étions donné rendez-vous à trois ou quatre de l'équipe pour la saison d'hiver, en novembre. J'avais deux mois pour préparer mes dossiers : je ne partais plus comme affichiste, mais comme animatrice à part entière. Cela voulait dire que je devais préparer des activités, me documenter, engranger des idées... Les soirées d'hiver sont longues.

J'ai fait un stage de vannerie et d'émaux payé par le VVF et je me suis formée sur le tas, mais j'avais cela dans le sang.

La cellule familiale éclatait un peu, toutefois, je ne partais qu'à deux cents kilomètres. Marie, qui était en pleine bagarre avec les parents, m'enviait mon indépendance naissante. Frédérique était encore toute jeune.

Nous étions certainement aussi complices à l'époque qu'aujourd'hui. Il était entendu qu'elles me rejoindraient pour les vacances.

C'est au cours de cette saison 1978-1979 que j'ai appris que Fugain montait son Atelier de comédie musicale à Nice. Il me fallait saisir ma chance.

Débarquer seule, inconnue dans une école, m'angoissait mais c'était l'occasion rêvée. Je n'aurais jamais eu le courage de monter à Paris avec ma petite valise pour frapper à la porte des écoles ou des producteurs : « Bonjour, je voudrais faire comédienne,... je ne veux pas faire naine, mais comédienne. » C'est la raison pour laquelle j'avais choisi sciences éco puis l'animation. J'étais dans une sécurité mentale qui ne me remettait pas en question. Il fallait donc foncer.

L'opportunité dont Fugain m'avait parlé des années plus tôt se présentait. J'ai donc passé l'audition, avec succès cette fois-ci.

Nous étions en mars, l'école commençait en juin.

J'ai appelé mes parents, folle de joie :

« Je suis prise chez Fugain. J'arrête le VVF !

– Combien es-tu payée ?

– C'est nous qui payons six cents francs par mois...
Ce n'était pas cher pour huit heures de cours par jour.

– Comment fais-tu ? Attends. On arrive. »

Le week-end suivant, ils étaient là. Jean-Alain, mon sauveur une fois de plus, les a convaincus de me laisser vivre ce rêve. Ils ont été formidables :

« On t'aide pendant trois mois pour te permettre de t'organiser et ensuite, tu te débrouilles. »

J'avais vingt-deux ans.

Je suis partie pour Nice fin mai avec eux. Cette première descente a été épique. Une copine m'avait assuré que sa grand-mère serait très contente de me louer un studio, tout était arrangé, je n'avais qu'à me présenter... La grand-mère n'était tout simplement pas au courant, la petite-fille était un peu mythomane... bref, il était hors de question qu'elle me loge plus d'une nuit pour me dépanner ! Je suis tombée de haut. Mais nous allions sûrement trouver un studio à louer. Nous avons fait toutes les agences de location, il n'y avait rien de convenable et surtout d'abordable, juin est une époque catastrophique à Nice.

Les parents m'ont suggéré avec tact de repousser au mois de septembre mes débuts à l'Atelier, de reprendre contact avec le VVF de Seignosse pour assurer la saison et mettre un peu d'argent de côté entre-temps. J'étais au bord des larmes. De quoi aurais-je l'air, j'avais prévenu la terre entière que je partais, et je venais quémander un travail ; quant à Fugain, comment lui dire que je ne serais pas à l'ouverture de l'Atelier ? Papa appela monsieur Pécastaings à Seignosse qui accepta de me prendre pour l'été. J'ai parlé moi-même à la secrétaire de Fugain pour lui expliquer la situation. Michel m'a rappelée. Il m'a proposé de me faire cadeau du prix des trois premiers mois de cours si cela pouvait me dépanner... mais j'avais accepté Seignosse ; qu'à cela ne tienne, il m'a donné rendez-vous en septembre, pleine d'enthousiasme, et il m'a assurée qu'il gardait ma place au chaud.

J'ai retrouvé le soleil basque, Jean-Alain qui assurait la saison d'été, mes copains et l'Océan. L'équipe se connaissait parfaitement bien. Nous avons créé de nouveaux sketches, et j'ai mis en scène ma chanson *P'tit bout* qui a obtenu un vif succès, sans devenir pour autant le tube de l'été. Et bien évidemment, je suis tombée amoureuse, pour l'été, d'un animateur du VVF voisin, ce qui entraîna un grand nombre d'activités intervillages, pour faciliter nos rencontres.

En septembre, j'ai débarqué, seule cette fois, à Nice. Cette arrivée est le pire souvenir de solitude que j'aie jamais connue. Les parents m'avaient loué une chambre chez une dame avec la possibilité d'utiliser la cuisine. Le fils de la propriétaire qui était absente m'a indiqué que j'avais droit à deux douches par semaine, que je n'avais pas accès au téléphone... Il avait fermé à clé la pièce où se trouvait la télévision ! Je ne connaissais personne. Si mes parents n'avaient pas été catégoriques quand j'ai enfin pu les joindre : « Tu as voulu le faire, tu y es, tu restes quelques jours et on en reparle ensuite », j'aurais été prête à tout abandonner pour la première fois de ma vie. J'ai vu tous les films qui passaient au cinéma d'à côté. Aujourd'hui, je ne regrette pas ces débuts difficiles – le drame a duré trois jours –, cela m'a montré que rien n'est vraiment très dur et qu'il faut parfois faire face.

Fugain m'a accueillie à bras ouverts : « Ça y est, tu arrives enfin. » Il avait prévenu les autres : « Mimie va arriver, elle est géniale. » Nous avons tous déjeuné ensemble. Une fille m'a proposé de partager son appartement, la vie en commun commençait.

L'Atelier était situé dans les studios de La Victorine où Truffaut avait tourné *La Nuit américaine* en 1973. Nous étions une quarantaine. Certains sont partis en cours de route, d'autres nous ont rejoints. Quelques élèves étaient niçois mais la plupart venaient de toutes les régions de France. Nous avons vécu deux années de partage, d'échanges et de vie en collectivité. J'ai dû apprendre à m'organiser et à assumer la vie quotidienne matérielle.

Les cours avaient lieu de midi à 20 heures pour permettre aux uns et aux autres de faire de petits boulots d'appoint... tels que serveurs dans les restaurants, par exemple. L'installation de l'école à Nice avait un avantage considérable, nous étions là pour apprendre et non pas pour cachetonner. Si nous avions été à Paris, nous aurions eu la tentation de frapper aux portes des productions pour trouver des figurations. Les réalisateurs qui tournaient aux studios de La Victorine faisaient, en revanche, travailler en priorité les élèves lorsqu'ils recrutaient des figurants. C'est ainsi qu'ils ont réussi à me caser dans *Les Fourberies de Scapin,* de Coggio.

Nous avions huit heures de cours par jour. Deux heures et demie de danse moderne et de barre classique, on travaillait le corps ; nous montions des chorégraphies

– je n'ai jamais été aussi mince, il n'y avait pas de place pour la cellulite – ; deux heures et demie de chant et deux heures et demie de comédie, travail d'acteur qui passait aussi bien par la lecture des textes, la maîtrise de la respiration que par apprendre à placer son corps, et à utiliser ce que l'on est. Le but était de se découvrir.

Michel Fugain n'a jamais essayé au cours de ces deux années de nous casser, mais plutôt de nous aider à épanouir ce que nous portions en nous.

Son premier mot à mon égard fut :

« Tu te prends telle que tu es. Tu ne vas pas me faire du cinéma. Tu vas devenir une grande mais pas en jouant à la petite. De toute façon, tu seras star ou rien, toi. Je te préviens, tu n'as pas le choix. Tu ne pourras pas faire des merdes, tu ne l'accepteras pas. »

J'ai eu beaucoup de difficulté, dans les premiers temps, à ne pas me planquer, surtout dans les cours de danse. J'avais du mal à danser, à me voir au milieu des autres et à observer des nanas qui avaient six ans, dix ans et parfois même quinze ans de danse classique dans les pattes. Je me demandais ce que je faisais là et puis, petit à petit, je me suis vraiment acceptée. J'ai appris à me regarder dans une glace.

Cet apprentissage a été la base de tout. Fugain m'a aidée à gommer mes tics. Il me disait : « Ne te planque pas toujours derrière le rire – je tournais facilement tout à la rigolade –, laisse aller tes émotions. C'est quelque chose de fabuleux l'émotion. Joue de tes émotions. Ne planque pas ta tendresse, ta sensibilité. Joue avec elles. C'est indispensable si tu veux aller au bout de ce que tu es. » Il nous a épluchés, c'est le vrai mot, mis à nu. Il fallait y aller à fond. Il nous obligeait à dépasser nos pudeurs et à démolir nos barrières pour libérer ce qu'il y avait à libérer, pour ne garder que ce qui était intéressant. Ne pas se cacher derrière de fausses émotions. En un mot, oser être soi.

Nous sortions parfois en larmes. Beaucoup ont abandonné : certains parce qu'ils ont découvert qu'ils n'étaient pas faits pour ce métier, d'autres qui étaient venus attirés par la notoriété de Fugain, pensant rencontrer des vedettes, mais c'était le miroir aux alouettes.

Les cours n'étaient pas formels. Michel savait ce qu'on allait faire, mais ce n'était pas : « Tout le monde en place, on va faire ci et ça. » Il chante divinement bien, il sait manier la voix d'une manière professionnelle, il avait suivi des cours de comédie. Mais il découvrait aussi le métier de prof et il a appris beaucoup en même temps qu'il nous enseignait.

Nous avions également un prof de comédie et deux profs de danse. L'une Stéphanie, sa femme, qui était danseuse, l'autre Johnny Montheillet, un ancien du *Big Bazar*. Nous faisions des exercices de diction au crayon : on place un crayon entre les dents pour s'entraîner. C'est radical si on a des problèmes de bafouillage.

Ce n'était pas vraiment des cours de comédie version Conservatoire d'art dramatique. Il n'y avait pas de texte à réciter pour le lendemain sauf si on avait décidé de présenter une scène, mais comme nous étions quarante, on pouvait se dissimuler un moment.

Dès qu'il faisait beau, nous allions à la plage le matin quand on ne bossait pas et le soir, nous nagions tous ensemble. C'était la belle vie, assez frugale parce que financièrement ce n'était pas le pied – je n'ai jamais autant mangé de nouilles car je préférais une séance de cinéma à un steak-haricots verts –, mais nous partagions tout.

En revanche, les huit heures que nous passions à l'Atelier étaient d'une grande intensité.

Nous nous préparions, dans un grand élan, à quelque chose d'important. Nous étions la nouvelle génération de comédiens-chanteurs-danseurs, l'Atelier devait être un creuset. La vidéo débutait, nous étions pleins d'espoir. Il y aurait du boulot pour tout le monde.

L'Atelier fermait deux mois l'été. J'ai abandonné Seignosse pour me faire engager au VVF de Menton où j'allais souvent le week-end rejoindre des copains. Le directeur d'alors a douté que je fasse convenablement mon boulot d'animatrice. Une rumeur avait dû courir dans le centre : « C'est une artiste maintenant, pour qui va-t-elle se prendre ? Elle va nous la jouer star... On sera nuls pour elle. » Il ne voulait donc pas de moi comme animatrice, malgré mes années de références à Seignosse. J'avais vraiment besoin de travailler et j'étais prête à accepter n'importe quel job. Il m'a embauchée à la buanderie comme lingère. Je commençais à 7 heures pour terminer à 14 heures. J'avais donc mes après-midi libres, ce qui me permettait de préparer l'organisation des soirées que j'animais gratuitement.

Au bout de quinze jours, le directeur m'a appelée dans son bureau :

« Je suis désolée, Mimie, on m'a raconté des bêtises sur votre compte. Tout le monde est content de vous à la buanderie – je me couchais à 2 heures du matin mais j'étais à 7 heures à mon poste –, je vous prie de m'excuser. Si vous acceptez, je vous embauche à plein temps, mais j'aimerais que vous ne lâchiez pas la buanderie. »

Quelqu'un avait douté de moi, mais j'avais fait mes preuves. C'était ma plus belle victoire.

Les cours reprirent à Nice en septembre. Michel nous a annoncé qu'il avait l'intention de monter un spectacle avec une quinzaine d'entre nous. Il a fait trois listes avec les personnages. Je n'étais sur aucune des trois.

Fugain n'avait aucune complaisance à mon égard. Il ne m'a jamais fait aucun cadeau. Il considérait que s'il m'en donnait trop, je me reposerais sur mes lauriers. Pour lui, je n'avais pas encore donné le meilleur de moi-même : « Tu te planques toujours, tu n'es pas toi. Ce n'est pas la vraie Mimie ça, tu es trop molle, travaille, regarde-toi. »

J'ai eu une explosion dans la tête. Je me cachais derrière des artifices que je n'avais pas dans la vie. J'entrais en représentation. « Reste comme tu es dans la vie, me disait-il, ne fais passer que ça. Ne rajoute pas des trucs qui ne servent à rien. Le paquet cadeau, je m'en fous. Je veux le cadeau. Sois sincère du début à la fin. Cesse de faire une pirouette au bout de chaque phrase, ne termine pas par une guignolade. Si tu veux que cela passe sur scène, ne sois pas comme ça, gomme tout cela, tu retrouveras le naturel et après rajoute petit à petit. » On est allés loin, il m'a mis sur les bons rails.

Il m'a fait toucher du doigt la différence entre faire rire à un banquet, à un mariage et faire rire une salle de mille personnes qui ont payé. On me dit souvent : « Moi, je pourrais faire du théâtre comme toi. Je fais marrer toute ma famille. » Essaie mon pote et tu verras... !

Le secret ? Travailler à la virgule près. Pour que cela passe la rampe, il faut une sincérité qui ait toujours l'air improvisée. Beaucoup de comédiens sont excellents et on ne les voit que rarement, de nombreux autres sont au chômage et on les découvre au hasard d'une dramatique. Pourquoi ces gens-là ne catalysent-ils pas l'attention sur eux, pourquoi alors que untel est moins bon, tout le monde va-t-il le voir ?

C'est le secret que Fugain nous a transmis. Mettre en valeur un élément qui fait que vous êtes irremplaçable et que, à moindre talent parfois, les gens viendront vous voir parce que vous leur donnez quelque chose qui part de vous et que vous ne jouez pas. C'est apprendre à se connaître et à se canaliser : que vous lisiez le *Bottin,* un texte de Racine ou que vous chantiez *Ne me quitte pas,* quelque chose passera qui fera dire « c'est elle » ou « c'est lui ». C'est pour ça que Devos est Devos et qu'Aznavour est Aznavour. Ils ont chacun leur truc. Dix mille mecs ont peut-être plus d'humour que Raymond Devos ou une voix plus forte que celle de Charles Aznavour mais un truc passe la rampe, c'est imposer sincèrement ce que l'on est.

C'est une liberté de soi. Après, le public décide. Une mauvaise critique ne l'empêchera jamais de voir un spectacle alors qu'une bonne critique ne fera pas forcément déplacer les foules. Quand le bouche à oreille fonctionne et qu'on devient une priorité, c'est gagné. On sait qu'untel passe et on y va parce que tout le monde se précipite.

Je devais en faire plus que les autres. Je n'ai que très rarement eu droit à un compliment de Fugain. Il ne voulait pas tomber dans l'excès inverse : « Tu es petite, on te protège. » C'était dur, mais je faisais ce que j'aimais, ce que je voulais. Je n'ai jamais remis en cause ce choix. Parfois, j'ai eu l'impression que je n'arriverais pas à faire la chorégraphie. On reprenait et ça passait. Et au printemps 1981, Michel m'a dit que je ferais partie du spectacle. Ce n'était plus seulement la porte ouverte, c'était la scène !

Nous quittions Nice, l'Atelier se poursuivrait dans un gymnase d'Issy-les-Moulineaux. On allait mettre en place le spectacle. Ceux qui n'en faisaient pas partie étaient néanmoins les bienvenus s'ils souhaitaient continuer à apprendre.

En même temps qu'il décidait de monter à Paris, Fugain avait signé un contrat avec TF1 pour animer une émission tous les samedis après-midi, *Fugues à Fugain,* de septembre à juin 1982. Il avait imposé la troupe. Nous devions être payés mille deux cents francs par émission, ce qui nous assurait une petite rente. Nous avions travaillé des personnages pour y participer. L'émission se déroulait en direct. Jean-Claude Martin, comédien, metteur en scène de café-théâtre, tenait un rôle. Il me donnait la réplique. J'étais tétanisée de peur, je n'étais pas dans la lumière. Il m'a tirée d'affaire. Nous avons sympathisé au fil des émissions. Il avait mis en scène, au Point-Virgule, *Tranches de vie* de Lauzier. Le spectacle marchait bien. Il m'a fait découvrir le café-théâtre et il a décidé quelques mois plus tard de ma carrière.

Les critiques de l'émission ont été mauvaises. Une journaliste a écrit que c'était un ramassis de la cour des miracles et de gnomes difformes, s'indignant même que l'on montre « des gens comme ça » à la télévision. J'ai été blessée et horrifiée qu'un journal de grande audience s'abaisse à publier des propos racistes et discriminatoires. Je n'aime pas que quelqu'un me rejette mais je n'ai pas choisi le métier qui emporte forcément l'unanimité ! Ma réaction a été : « Je l'aurai ! Je lui prouverai qu'elle se trompe et j'espère qu'un jour elle me verra dans un spectacle et qu'elle en prendra plein la gueule. » J'ai répondu par l'entremise du journal mais je ne sais pas si ma lettre lui est parvenue :

« Madame,

« Je suppose que vous êtes grande, belle, bien foutue, d'une intelligence à toute épreuve, que la vie ne vous a épargné aucune de ses bontés. Vous êtes merveilleusement bien dans votre peau. Je comprends que la vue de quelqu'un de différent vous gêne et je déplore avec vous que certains camps n'existent plus. Ça m'aurait évité de vous rencontrer un jour.

« Signé "Le gnome difforme". »

Papa a écrit également en signant « le père du gnome difforme », et de nombreux autres amis ou lecteurs indignés ont fait de même.

Je n'ai reçu aucune réponse.

On peut ne pas aimer une émission, on l'attaque sur la forme, sur le contenu, mais pas sur l'apparence des comédiens.

En février, les émissions s'arrêtèrent et les revenus avec elles. J'avais trouvé un studio que j'occupais seule et dont le loyer, en revanche, continuait à m'être réclamé. Le spectacle était aussi tombé à l'eau.

Plus d'émission, plus de spectacle, qu'allais-je faire ? Je ne voulais pas redescendre dans ma province et reprendre un poste d'animation en VVF. Maman a suggéré timidement que je reprenne ma licence. J'avais donné et il n'était pas question de recommencer.

Fugain avait décidé de s'occuper de sa carrière. « Les enfants, la maison vous est grande ouverte, mais volez de vos propres ailes. » Là, on espère avoir des ailes !

L'éclatement de la troupe a été une déchirure, une fin bâtarde parce qu'on pensait terminer sur un beau spectacle et que tout s'écroulait. Michel m'avait tendu une main qui m'avait beaucoup aidée. Sans lui, je serais peut-être aujourd'hui directrice de VVF, ou postière-chef à Bron... L'heure n'était pas aux lamentations, il y avait une urgence. Si je voulais embrayer, c'était tout de suite.

Beaucoup ont abandonné, quelques-uns ont essayé de monter des spectacles. Jean-Claude Martin m'a dit un jour :

« Si tu écris un one-woman show, je te mets en scène et je te produis.

– Je suis partie pour faire un spectacle de troupe, et je n'ai jamais écrit.

– Essaie.

– Je préférerais faire un spectacle de café-théâtre à sept ou huit...

– Le café-théâtre, ça ne rapporte pas du tout. Vous n'arriverez jamais à monter un spectacle à sept ou huit. Toi seule, en revanche, j'y crois. »

J'ai sauté le pas.

Il m'a pris sous son aile. Lui et sa femme m'ont introduite dans leur entourage café-théâtre. Je me suis intégrée dans un autre moule et j'ai surtout bossé comme une dingue pour arriver à mettre sur pied un spectacle. Il m'avait donné l'idée d'écrire l'histoire de mon arrivée à Paris.

J'ai fait appel à un copain de l'Atelier, Didier Biosca. Nous avons commencé à écrire, texte et chansons, sur le thème d'une petite bonne femme qui débarque dans la capitale. Elle veut être comédienne. Elle se trouve confrontée aux annonces bidons pour les appartements – studio coquet, vous découvrez un placard fond de cour au rez-de-chaussée –, annonces foireuses pour les castings, curriculum vitae interminable à remplir... Il y avait un passage dansé. Je recréais une troupe à moi toute seule.

Entre l'arrêt des émissions télé et le début du spectacle, j'ai vécu des moments très difficiles. Le passage à la télévision m'a permis de percevoir des indemnités de chômage. Les parents ont été une fois de plus présents et m'ont aidée à régler des factures... J'ai découvert « les couloirs de la honte », traîner dans les couloirs de la SFP, et frapper aux portes des productions : « Bonjour, je voudrais faire de la figuration, est-ce que vous auriez quelque chose ? », s'inscrire, les curriculum vitae qui n'en finissent plus... laisser une photo. Et je me disais : « Je ne veux pas avoir à faire ça. Je veux être reçue la porte grande ouverte, qu'on m'avance un fauteuil. » J'ai décroché une figuration dans *Pour 100 briques, t'as plus rien,* le film d'Édouard Molinaro avec Gérard Jugnot, avec qui je suis très copine maintenant. Il y avait une scène de foule pendant un hold-up de nuit. On a tourné deux nuits : tarifs majorés, cela faisait un peu d'argent. Comme j'étais aisément repérable, j'ai passé la deuxième nuit sous la tente à l'abri et ils m'ont payée à ne rien faire. Je répondais aux annonces des journaux : on vous propose, moyennant la somme de quatre cents francs, de vous inscrire dans un fichier qui est distribué à toutes les maisons de production. Vous payez et naturellement vous n'entendez plus parler de rien. Les soi-disants producteurs ne se font pas un fichier de comédiennes mais un fichier de filles ; c'est un moyen de rencontrer des nanas prêtes à tout. Je suis sûre que cette arnaque existe toujours.

J'ai acheté également *Le Film français* pour me tenir informée des films en cours de tournage. Je notais les adresses et j'envoyais ma photo. À cette époque, j'ai également écrit à quatre metteurs en scène – « on n'a rien sans rien », me suis-je dit –, Claude Lelouch, Georges Lautner, Philippe de Broca et François Truffaut :

« J'ai presque une licence de sciences éco, mais je viens de passer deux ans à apprendre le chant, la danse, et la comédie. Je sais que je suis d'un format plutôt ori-

ginal mais si vous voulez me rencontrer, peut-être que je vous convaincrai que l'on n'a pas besoin d'être tous pareils et je suis à votre disposition. »

Je n'ai reçu aucune réponse, mais au moins j'avais essayé. J'ai récemment rencontré Philippe de Broca, j'ai croisé plusieurs fois Claude Lelouch mais je ne leur en ai jamais parlé.

Je me suis également inscrite dans un organisme qui faisait des sondages par téléphone. C'était dur. Il y avait aussi bien des enquêtes sur le cinéma que pour une nouvelle lessive. On faisait appel à nous au coup par coup. On passait une matinée au standard à appeler des gens pour remplir un questionnaire ; on m'a une fois demandé de faire une enquête dans un TGV. Certains voyageurs qui m'avaient vue dans *Fugues à Fugain* le samedi après-midi m'ont reconnue : « Eh bien, ça ne marche pas terriblement ! » Il faut vraiment aller vers les gens, faire un grand sourire. Nous étions répartis par quartier. J'ai eu le 8e arrondissement, pas de chance, ce n'était que des bureaux. Monter tous les étages, redescendre, remonter, frapper à chaque porte, dire : « Bonjour, c'est pour une enquête. » Les trois quarts des gens vous ferment la porte au nez. C'est rabaissant de se faire claquer la porte à la figure, mais ça apprend la vie. Je me disais qu'un jour je n'aurais plus besoin de faire ça, mais que si plus tard des jeunes venaient sonner à ma porte, je leur ouvrirais et je serais aimable (je ne le fais pas, parce que je n'ai jamais le temps, ils ne sont pas forcément jeunes, et on est tous pareils, on n'a pas envie qu'on vienne chez soi). Le quart restant était accueillant, prêt à vous offrir un verre. Les gens devaient donner leur nom, leur adresse et leur numéro de téléphone. Quand on leur tendait la fiche, ils se dérobaient souvent : « Non, oubliez ! » Nous étions payés soit à l'enquête, soit nous devions faire au moins cinquante adresses. Lorsque je n'en avais que quarante, il m'arrivait de compléter avec des copains. Tous ces petits boulots permettaient de gagner discrètement, le TGV mis à part, un peu d'argent.

Lorsque l'écriture du show a été terminée, nous avons, Didier et moi, appelé Jean-Claude Martin pour lui proposer de le lui montrer. Il nous a invités à dîner pour le lendemain – il a demandé à sa femme de mettre de la viande au menu car il savait que ce n'était pas fête tous les jours. Il a été emballé par ma démonstration : « C'est bien, continuez, il reste à faire mais c'est exactement ça », et il a ajouté : « Je prends des contacts avec le café-théâtre. » Nous sommes partis heureux, assurés d'être sur la bonne voie.

Avant l'été, j'ai passé une audition aux Blancs-Manteaux devant le directeur et l'attaché de presse du théâtre. Ce fut catastrophique et minable, toute la mise en scène qui tenait avec des bouts de ficelle s'est cassée la gueule. Mon panier d'accessoires s'est renversé... ils nous ont remerciés poliment. C'était une fin de non-recevoir.

Deux ou trois jours plus tard, nous avons passé une audition au Point-Virgule, résultat plutôt satisfaisant... Il fallait voir, pourquoi pas... mais rien avant la rentrée. C'était une sorte d'engagement verbal.

Je suis partie animer la saison au VVF de Menton, pour gagner un peu d'argent.

Nous avons rodé le spectacle au festival d'Angervilliers, près de Dourdan, devant un public payant et des directeurs de VVF, invités par l'organisatrice Valérie Ambroise pour choisir les spectacles d'été. J'ai fait un carton total.

Le 27 octobre, nous avons démarré *Elle voit des géants partout* au Point-Virgule, à 22 h 30.

Frédérique, ma petite sœur, avait passé la journée avec moi. J'étais incapable de faire quoi que ce soit. Je passais en dernier spectacle et je ne pouvais pas traîner dans la loge car il n'y en avait qu'une.

La salle de cent places était à peu près pleine. Toute ma famille était présente, les amis... Certains copains du VVF, Jean-Alain, Valérie étaient venus en surprise et ils avaient payé leur place pour qu'on s'en rappelle financièrement ! J'avais vingt-sept payants le soir de la première, ce qui est formidable. Il y avait des fleurs partout, des télégrammes, c'était absolument génial.

J'ai vécu ma première expérience de trouille intense, mes débuts à la télévision n'étaient rien en comparaison ! Il y avait une entrée coulisse et une entrée scène. Jean-Claude Martin courait de l'une à l'autre : « Resserre là, mais tout va bien, ils rigolent, resserre. Ne t'inquiète pas, va moins vite... » Il commentait au fur et à mesure. Tout s'est bien passé, avec les défauts d'une première...

Le spectacle a démarré doucement. Nous avons pris un attaché de presse pour lui donner de l'élan. Il était maqué avec un type de *Libé*. J'ai donc eu, grâce à lui, mon premier papier dans ce journal qui n'a cessé de nous descendre en flammes plus tard dans la période Bouvard. Je dois à Sirvin, journaliste au *Figaro*, décédé aujourd'hui, une très jolie critique. Il parlait de la mise en scène, du décor, il citait les noms, il parlait des réactions du public, en un mot une vraie critique, ce qui est rare de nos jours...

Jean-Claude Martin a suggéré à l'attaché de presse qu'il serait bien que je fasse des télés pour vendre le spectacle et ce garçon, qui avait accepté de l'argent pour s'occuper de moi, a répondu cette chose incroyable et inoubliable : « Enfin, on ne va quand même pas lui faire faire des télés ! » Il a été viré sur-le-champ avec pertes et fracas sans toucher la deuxième partie de ce que nous lui devions. Nous n'avons repris personne. Les gens que j'ai contactés à l'époque n'y ont pas cru. Pour eux, « c'était mignon, mais... ». Ils n'avaient pas vu le spectacle. En revanche, j'en ai croisé plusieurs depuis qui seraient prêts à s'occuper de ma presse aujourd'hui... trop tard.

Comme j'entrais en scène à 22 h 30, j'avais le temps de regarder *Le Petit Théâtre de Bouvard* qui débutait sur Antenne 2 à 19 h 45.

Bouvard voulait faire en télé *Les Grosses Têtes* qu'il animait sur RTL. Plantage. Nino Monti, son réalisateur, lui suggère : « Pourquoi ne pas prendre des jeunes qui feraient des improvisations ? » Bouvard n'y croit guère. « On essaie », dit Monti. Première audition, je n'y étais pas, on me l'a racontée, Bouvard arrive : « J'ai dix minutes, faites-moi rire. » Il est resté deux heures. « On tente le coup ! » C'est un pari fou : les protagonistes sont des inconnus qui, au départ, improvisent. Le tournage enchaîne plusieurs séquences découpées en tranches d'un quart d'heure. Ils ont plus tard renoncé à l'improvisation qui faisait perdre trop de temps. Les sketches ont été finalement travaillés.

Nous nous interrogions, comment faire pour en être ?

Et puis un jour, je reçois un coup de téléphone :

« Mimie, vous êtes au théâtre, Philippe Bouvard aimerait bien que veniez passer une audition. »

C'est en lisant la critique de Sirvin qu'il a eu envie d'aller voir du côté du Point-Virgule.

Ma première réaction a été : « Ce mec, c'est une terreur, est-ce qu'il va m'accepter ? » Je devais préparer quelque chose car il n'y avait rien d'improvisé, contrairement à ce que j'imaginais en regardant l'émission.

J'ai demandé à mon coauteur, Didier Biosca, de faire quelque chose avec moi. Nous avons écrit un sketch puis nous sommes passés devant Philippe Bouvard. Il a beaucoup ri, mais il m'a dit à la fin :

« Retravaillez un petit peu, mais changez de comédien, il est moins bon que vous. Vous, vous m'intéressez vraiment. »

Toujours délicat !

Après avoir retravaillé, nous avons passé une nouvelle audition :

« Je prends le sketch, m'a dit Bouvard, mais je ne veux pas de votre partenaire. »

Didier a été particulièrement sympa : « Tu ne vas pas te griller une chance de faire une télé, c'est notre intérêt à tous les deux. »

J'ai joué le sketch avec Jean-Jacques Peroni qui est l'inverse de ce que je suis, esprit *Hara-Kiri*, râleur, mais très talentueux. Mon meilleur attaché de presse a été cette émission.

Chaque soir, vers 18 heures, j'appelais le Point-Virgule :

« Combien de réservations ? Est-ce qu'on joue ? Est-ce que ça va marcher ? »

On me répondait :

« Une dizaine, mais il y aura du passage, ne t'inquiète pas. »

Le spectacle de Lauzier, *Tranches de vie,* qui précédait le mien drainait au minimum cinquante personnes chaque soir. Je l'enviais. Je suis passée ensuite à 21 h 30, lorsque les enfants m'ont découverte à la télévision.

J'étais payée à la recette. Tant que les frais n'ont pas été amortis, affiches, décors, nous partagions à égalité avec le producteur. Ensuite, je touchais soixante-dix pour cent des recettes. Ma première paye de la semaine a été de quatre-vingt-dix francs ! Jean-Claude Martin m'invitait sans cesse, il ne m'a jamais rien laissé payer.

Nous avons joué *Elle voit des géants partout* jusqu'à la fin du mois de mai 1983.

VII

Je faisais maintenant partie du groupe. C'étaient les débuts de Bouvard et de son *Petit Théâtre*. Après mon sketch avec Jean-Jacques Peroni, Lime, le grand, est venu me chercher pour me proposer de monter un sujet avec lui, puis Michèle Bernier, arrivée pratiquement en même temps que moi. « La grande » des Filles m'a dit un jour : « On pourrait faire quelque chose ensemble. »

Deux fois par semaine, on proposait à Philippe nos œuvres. Il était le producteur et le décideur principal de l'émission. Certains thèmes nous étaient suggérés, ou naissaient au gré de nos imaginations. On va faire « deux nanas dans une salle d'attente », ou n'importe quoi d'autre.

Bouvard commençait à former une équipe. Certains jeunes avaient déjà fait leur preuves, parmi les premiers Isabelle de Botton, « la moyenne » du trio des Filles, Michel Laguerrie – il était la vedette du *Théâtre de Bouvard* –, Didier Bourdon, Pascal Légitimus, Bernard Campan des Inconnus maintenant, Yvan Burger, Seymour Brussel... Il y a eu aussi Smaïn, Laspales, Chevalier, Muriel Robin qui est arrivée plus tard. On travaillait par affinité, à deux, à trois ou à dix. Très vite, une grande complicité nous a liées Michèle, Isabelle et moi. Nous avions tous en commun la même envie de faire rire. Une petite troupe de gens s'était constituée, les garçons avaient adopté les filles, et les filles avaient adopté les garçons. On était sur la même longueur d'ondes et on s'entendait bien. Nous organisions souvent des fêtes chez les uns ou chez les autres.

Au cours d'une soirée chez une copine, j'ai été malade comme un chien. Nous avions commencé par du whisky, le vin rouge avait suivi, puis champagne au dessert. Mélange mortel, j'ai passé les trois quarts de la soirée la tête dans une bassine !

C'est ainsi que j'ai vraiment découvert Yvan. Nous nous étions croisés, mais nous n'avions pas encore joué ensemble. Il avait fait le Conservatoire de la rue Blanche dont il s'était fait virer pour esprit subversif. Je ne l'avais vu que chez Bouvard dans l'exercice de son métier de comédien, car à l'époque, il ne jouait pas sur une scène parisienne. Il avait une forme d'humour au second degré que j'aimais beaucoup, avec un regard sur ce qu'il jouait en même temps qu'il le jouait. Il avait un style et un personnage à lui. Feydeau est représentatif de ce qu'il était et de ce qu'il aimait jouer, un univers léger et profond. Il était bon comédien. Il avait beaucoup de charme, d'aisance naturelle, de sûreté de lui. Il nous faisait hurler de rire par son souci d'élégance sur scène ; il se changeait de la tête aux pieds à chaque sketch : « Arrête de nous faire un défilé de mode », lui disions-nous. Alors que, à la ville, il s'habillait, selon l'expression, comme un sac à patates !

Cette fameuse nuit éthylique, il a tenu la bassine jusqu'à 4 heures du matin. J'étais consciente de la situation, gênée – « excuse-moi » disais-je chaque fois que j'arrivais à prononcer un mot –, mais impuissante. Il a été d'une patience extraordinaire et d'une grande délicatesse. Je l'ai trouvé sympa. J'ai dormi sur place.

Je suis rentrée chez moi le lendemain à 8 heures, glauque et honteuse. Lorsque nous nous sommes tous retrouvés l'après-midi pour répéter le sketch de groupe que nous avions décidé de monter, je me suis fait charrier pour cette cuite monumentale dont on m'a reparlé pendant des semaines !

Il y avait eu un déclic avec Yvan. Il est venu me chercher un soir au Point-Virgule et nous avons commencé à nous voir beaucoup. Je craquais, sans craquer parce que je connaissais sa vie : il était de loin celui de l'équipe qui recevait le plus de courrier féminin et il brisait le cœur de toutes les minettes. Il avait une vie sentimentale insensée. Dragueur et charmeur, il nous disait : « Je pourrais remplir le Palais des sports avec mes conquêtes. » J'étais ébahie : « Ce mec, il a un pouvoir : il voit quelqu'un qui lui plaît et il embarque... » Il avait sa vie, j'avais la mienne, mais nous partagions beaucoup de tendresse.

Yvan était profondément respectueux de la liberté de chacun – je ne l'ai jamais vu me faire la gueule parce que j'avais changé d'avis –, mais elle passait d'abord par la sienne. Il était systématiquement en retard. Nous nous donnions parfois rendez-vous au théâtre à 17 heures pour répéter un sketch : il se pointait à 19 h 30... mais avec un petit cadeau car il savait y faire. Je jouais souvent les intermédiaires entre lui et l'équipe : nous décidions ensemble de qui faisait quoi et comme nous étions payés au sketch, on avait intérêt à en faire le plus possible. Les copains disaient : « Il est encore en retard, on ne l'attend pas, il ne fait pas ce sujet » ; j'intervenais alors, comme tout le monde l'aimait, cela se passait bien.

Nous sommes devenus très intimes, une vraie complicité existait entre nous : Yvan était cultivé, il aimait la peinture contemporaine, le cinéma, il lisait beaucoup, c'était un amoureux de la vie. Nous nous appelions dix fois par jour si nous ne nous voyions pas, nous partions parfois en vacances ensemble. Si nous n'avons jamais habité ensemble, en revanche, nous partagions vraiment tout. Nous étions bien l'un avec l'autre, nous nous entendions bien et nous riions beaucoup.

Nous nous sommes alors posé la question de ce qui se passait entre nous. J'avais une très grande attirance physique pour lui et je ne voulais pas penser à ce qui s'était passé avant ou pourrait se passer après. Je savais que j'étais amoureuse de lui et j'espérais, comme toute femme amoureuse, que je le changerais. Je retrouvais mon tempérament fataliste-optimiste, on ne gère pas tout ; pourquoi juger le passé quand on vit un présent et qu'on peut en profiter ? Si cela doit se passer... Il me répondait :

« Je ne peux pas mener la vie que je mène et te promettre des choses que je ne tiendrai pas. Je ne peux pas jouer avec toi, ça n'ira pas plus loin.

– Tu m'énerves... »

Nous décidions alors de nous voir moins... mais cela ne durait guère.

Mon entourage avait du mal à saisir cette relation et moi-même je ne la comprenais pas, je ne me l'expliquais pas. Je désirais rencontrer quelqu'un, avoir des enfants, m'éclater à tous les niveaux. Avec Yvan, je ne faisais aucun projet de cet ordre. C'était très ambigu. Je le voulais tout à moi et je savais que nous aurions été incapables de vivre ensemble : nous avions des tempéraments opposés et pourtant complémentaires. Cette situation me permettait peut-être de refouler cette fragilité qui m'habite sur le plan sentimental : si on peut avoir la plus belle, pourquoi viendrait-on me chercher moi ? J'ai rencontré des mecs à cette époque, mais lorsqu'ils venaient m'attendre au théâtre et qu'ils voyaient Yvan, ils ne savaient pas ce qui se passait entre lui et moi. Ça en a bloqué quelques-uns – « elle est avec lui ou pas ? »

On nous voyait souvent ensemble sur les photos, au milieu des autres, la main dans la main. Une spectatrice, folle amoureuse d'Yvan, lui écrivit un jour : *« Il faut arrêter cette relation avec Mimie, c'est moi que tu dois épouser, je suis la femme de ta vie. Mimie n'est pas faite pour toi. »*

Bouvard nous appelle un jour :

« Vous allez vous marier tous les deux ?
– Ça ne va pas Philippe ! »

Il sort alors la lettre qu'il vient de recevoir : *« Mimie et Yvan vont se marier, monsieur Bouvard. Je voulais vous l'apprendre. Vous allez avoir un premier mariage dans votre équipe. »*

Cette fille était totalement folle. C'en était inquiétant. Elle prétendait être enceinte d'Yvan... Elle nous racontait des choses insensées, particulièrement tordues et malsaines, sur sa vie. À un moment, j'ai même craint qu'elle ne mette une bombe sous ma porte. Nous n'avons jamais répondu. Et puis un beau jour, elle a disparu de notre horizon.

Notre vie professionnelle prenait de plus en plus d'ampleur, le succès du *Petit Théâtre de Bouvard* ne cessait de s'affirmer.

Antenne 2 diffusait trois sketches par soirée. La chaîne a battu ses records d'audience en prenant parfois jusqu'à cinquante et un pour cent de parts de marché (seize millions de téléspectateurs), ce qui nous a valu de figurer dans *Le Livre Guiness des records* en raison de l'impact considérable que nous avions sur le public.

En fin d'émission, l'antenne passait une bande-annonce enregistrée par Bouvard qui faisait notre publicité : « Vous pouvez retrouver Mimie au Point-Virgule, Michèle Bernier au théâtre d'Edgar... Laspales, Chevalier... » C'était de la promo pour nos spectacles respectifs qui nous amenait un nouveau public désireux et curieux de nous retrouver ailleurs.

Bouvard a ouvert le café-théâtre à un public familial qui n'y serait jamais allé sans lui. Le Café de la gare et Le Splendid restaient des phénomènes relativement parisiens. Ils apportaient une forme de théâtre jeune, moins conventionnelle, une manière d'improvisation et de travail « sur le tas » qui mettait en scène des choses de la vie dans un langage actuel, à l'inverse du théâtre réservé jusque-là à une certaine élite, celle des abonnements, des soirées habillées, qui ne pouvait plus subsister de cette façon. Il est difficile, pour moi presque impossible, de faire la différence entre théâtre et café-théâtre. Si aujourd'hui Josiane Balasko monte une pièce au Gymnase, on dit que c'est du café-théâtre, mais si Fabrice Lucchini lit *Voyage au bout de la nuit* de Céline, assis sur sa chaise, c'est du théâtre. J'ai du mal à saisir la nuance. Si on entend par café-théâtre, mais je dirais plutôt « nouveau théâtre », un spectacle qui a du rythme, qui bouge, où on rit à toutes les répliques, nous faisions du café-théâtre. Mais Feydeau en est aussi dans ce sens, les portes claquent et ça bouge ! Alors, vive le café-théâtre !

Le public a découvert qu'on ne produisait pas forcément dans ces lieux des spectacles d'avant-garde, branchés, engagés, ou d'extrême gauche, images que j'avais eues moi-même à un moment.

Nous avions tous en tête l'image corrosive des émissions que Philippe Bouvard animait en fin de soirée, *Passez donc me voir, Un oursin dans le caviar, Champs-Élysées,* au cours desquelles il titillait ses invités d'une manière plutôt agressive. Il a découvert avec nous un autre esprit. Nous lui avons permis de se forger une image populaire de tonton-gâteau – il nous appelait ses neveux et ses nièces – et de toucher ainsi un nouveau public.

Nous n'avions pas de contrat. Nous signions pour chaque sketch payé par Antenne 2 et nous percevions des droits d'auteur à la diffusion parce que nous passions à une heure de grande écoute. Nous pouvions donc quitter l'émission du jour au lendemain, tous autant que nous étions.

Lorsque des années plus tard, j'ai raconté cela au frère de Michael Douglas, il est tombé des nues : « Si vous aviez été aux États-Unis, un producteur vous aurait alpagués, mis sous cloche et payés grassement. Un tel vivier et prendre le risque de voir les gens partir, c'est

Juillet 1964. Les trois sœurs Mathy avec Papa.
Maman s'est dévouée pour prendre la photo.

A deux ans, dans ma première voiture.
Pas encore trop de problèmes avec les contractuelles.

J'ai dix ans, déjà Seignosse.

Mai 68,
en famille.
Errare
humanum est !

Juin 1973, seconde B2 au lycée Lumière.

Seignosse 1979, mes premiers émois sur scène.
Le trombone est Jean Pécastaings, mon cher directeur disparu.

Toujours Seignosse 1979.
Au centre, Jean Alain, mon « chef », celui qui m'a imposée.

Octobre 1976-novembre 1993 :
presque vingt ans
entre ces deux photos
et toujours Michel Fugain,
le maître et l'ami.

Le Théâtre de Bouvard.
Avec Yvan Burger, dans notre sketch favori, « le papa et sa fille ».

L'un des cinq cents sketches,
écrits ou joués, du Théâtre de Bouvard.

Je te tiens, tu me tiens ?...

A l'époque, on n'avait peur de rien.

« Mimie en quête d'hauteur »,
en 1985 au théâtre de la Potinière.

1988,
« Existe en trois tailles »
avec Isabelle de Botton
et Michèle Bernier.

Les Filles, on a plein de secrets entre nous. Mais chut !

Le « Gros N'avion » avec les Filles. Prémonitoire ou pas, Isabelle nous fera son premier bébé quelques mois après.

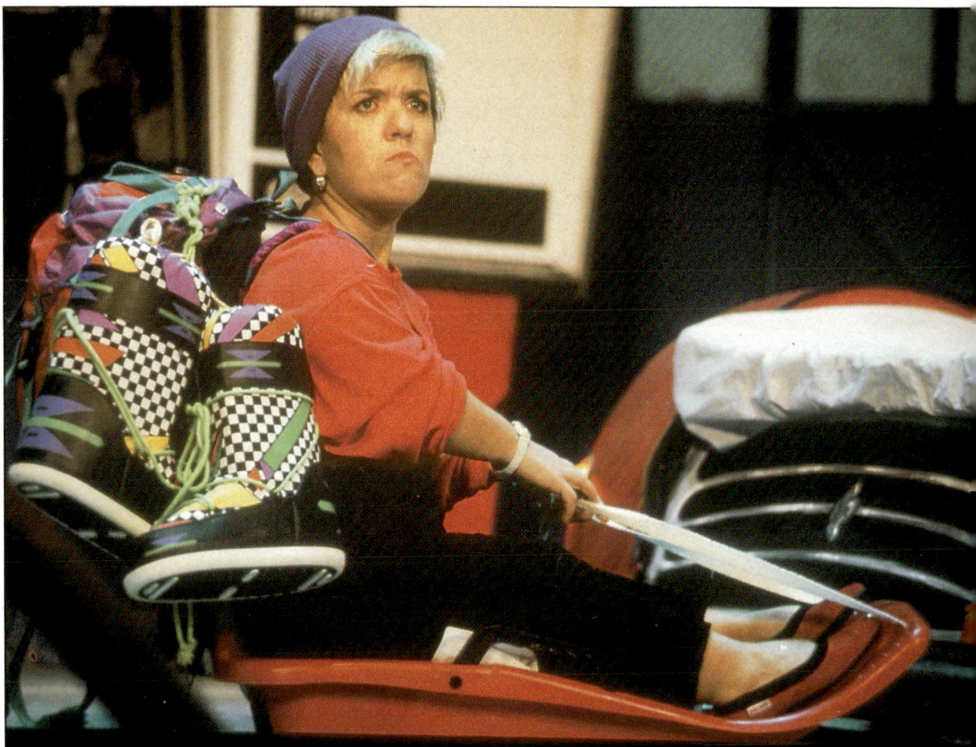

*La féminité ça ne s'invente pas.
Toujours dans le « Gros N'avion », je rassure tout le monde !*

Les Filles toujours, dans le « Gros N'avion ».

Avec mon grand copain Lolo Boyer pendant le tournage de mon « Fréquence star » à New York. Cinq jours fous, fous, fous...

C'est sympa les vacances...
Été 1993 en Corse avec Philippe Laville, Michel Fugain et Karim.

Avril 1993.
Ma cop's de avant,
pendant,
après et toujours,
Isabelle.

Printemps 1994, il manque Mégane, la petite dernière.

On est sportive,
ou on ne l'est pas.

Septembre 1993, une « Nounou pas comme les autres ».

Au festival de Cannes en 1994,
avec Jean-Claude Camus, mon producteur et ami.

bien la France ! » Bouvard avait effectivement, à cette époque, des gens qui ont explosé par la suite et qu'il aurait pu faire travailler dans un but précis, mais ce ne semble pas être dans le tempérament français !

Nous étions donc absolument libres de participer ou non à l'enregistrement : si par hasard Philippe m'avait refusé un sujet dans la semaine et que je n'aie pas eu envie de travailler autre chose, je ne venais pas. Mais s'absenter pour une semaine de vacances provoquait un drame avec le patron !

Nous étions une vingtaine et, bien évidemment, plus nous étions nombreux, plus Bouvard était content. Quelques têtes d'affiches se détachaient. Ils fidélisaient à la chaîne les téléspectateurs qui aimaient les retrouver...

Nous travaillions dans la semaine sans avoir jamais le temps de roder quoi que ce soit. Nous jouions en public, devant les caméras, pratiquement sur le vif. Chaque enregistrement était pour nous une source d'angoisse terrible. Nous avions encore remanié certaines scènes le matin même et nous finissions le plus souvent d'apprendre le sketch cinq minutes avant d'entrer sur le plateau. Les tournages avaient lieu au Pavillon Gabriel, où Michel Drucker enregistrait son *Champs-Élysées*. Il se montrait extrêmement amical à notre égard. Nous avons sympathisé avec lui. Alors qu'un jour je quittais le studio, il m'a arrêtée : « Je vous ai vue la semaine dernière dans votre sketch, vous avez été formidable. » Les conditions de travail étaient super parce qu'on côtoyait des gens importants, et minables parce qu'on n'avait pas de locaux. Nous découvrions les coulisses de la télé. Les enregistrements étaient pour nous l'occasion de rencontrer des vedettes. Nous répétions dans une horrible pièce en béton qui servait de cuisine au studio... Dans les derniers temps, nous avons renoncé à nous entraîner là, nous travaillions les uns chez les autres avant de présenter nos sketches à Bouvard.

Le public, qui n'est pas payé, était recruté soit sur invitation, soit à l'aide d'une annonce de Philippe pendant les émissions : « Prochain enregistrement tel jour à telle heure, appelez pour vous inscrire. » C'est là que j'ai découvert le public télé, souvent composé de retraités fabuleux qui, plutôt que de rester seuls chez eux, se tiennent au courant de toutes les émissions enregistrées et se font une fête d'y assister... Ils sympathisent entre eux, offrent des paquets de bonbons pour avoir les bonnes grâces des types qui filtrent les entrées. Ils vivent au travers des émissions. Le lundi, ils sont aux *Grosses Têtes,* le mardi, ils assistent à un enregistrement à Europe 1, le mercredi, ils sont sur le plateau de télé de *Questions pour un champion,* etc., c'est absolument extraordinaire. À RMC, j'ai croisé une femme qui occupe sa retraite ainsi : elle commence le dimanche avec Jacques Martin et elle a son planning pour toute la semaine. Sa fille de trente ans fait de même ! Michel Drucker avait sa groupie, décédée maintenant, qui l'avait suivi depuis ses débuts. Pendant dix ans, elle a assisté à toutes ses émissions. Il s'en occupait. Il envoyait même parfois un taxi pour la prendre ! Celle de Philippe nous confectionnait des gâteaux !

Ces gens se créent ainsi une autre famille et se donnent un but dans la vie : on s'habille, on se pomponne, on se maquille pour participer à une émission et y retrouver des gens qui sont gentils et que l'on connaît un peu. Ils ne sont pas envahissants : jamais ils ne nous ont demandé nos numéros de téléphone. Cette catégorie de groupies est formidable.

À la télévision, Philippe Bouvard lançait les sujets, que nous avions répétés bien sûr. Il piochait dans une petite corbeille un papier plié en quatre et il annonçait : « Deux contractuelles discutent sur le trottoir, ça intéresse quelqu'un ? » et nous entrions sur scène. Il a eu ensuite un invité vedette ; c'est ainsi que nous avons rencontré Coluche, Gérard Jugnot, Christian Clavier, Jacqueline Maillan, Robert Hossein... et bien d'autres.

Un jour d'avril 1983, il nous a annoncé : « Les enfants, je vous mets cet été sur scène. On va faire un spectacle dans un grand théâtre avec les meilleurs sketches. » Notre réaction a été immédiate :

« Les gens ne vont pas payer pour assister à un truc qu'ils voient gratuitement à la télé.

– Mais on va travailler, on va garder les meilleurs sketches et on va faire un spectacle qui se tient. »

On a tenté l'expérience de monter un programme de deux heures. Nous avons débuté au théâtre Saint-Georges deux soirs par semaine, le dimanche et le lundi, nos jours de relâche respectifs, en mai, période normalement catastrophique en raison des grands week-ends. Le succès fut total : nous avons fait un carton, bien que l'émission se soit poursuivie à la télévision.

Les cinq autres soirs, le théâtre produisait un autre spectacle. Quand il s'est arrêté, le directeur de la salle a proposé à Bouvard que nous jouions tous les soirs.

Il nous a prévenus :

« Vous êtes sur scène, tous les soirs.

– Mais, Philippe, il faut que nous arrêtions tous nos spectacles au café-théâtre...

– Voyez votre intérêt. Moi, je pense que c'est très bien. »

C'est ainsi que j'ai arrêté *Elle voit des géants partout* au Point-Virgule et que nous nous sommes retrouvés sur la scène du théâtre Saint-Georges, avec un spectacle fait de bric et de broc dont le succès fut tel que lorsque nous avons été obligés de quitter ce lieu pour laisser la place à un autre spectacle, nous sommes passés à l'Eldorado, qui compte mille deux cents places, sans aucune publicité, sauf une annonce à la télévision.

Nous avons joué deux soirs devant trois rangées de spectateurs. Le public n'avait pas eu le temps de réagir mais, le troisième soir, nous faisions salle comble. Le succès ne s'est pas démenti jusqu'à la fin du mois de juin.

Notre public était celui de la télévision. Il n'hésitait pas à intervenir ou à commenter les gags comme s'il avait été chez lui en famille devant son poste ! L'impact a été considérable : cela a ouvert l'esprit café-théâtre à des gens qui restent devant leurs postes et qui ne sortent jamais.

Nous n'étions aimés ni des journalistes, ni des professionnels. Il n'y a eu aucune critique de l'émission ou du spectacle théâtral. Nous n'intéressions personne sauf le public, ce qui est peut-être le plus important !

Les professionnels trouvaient que notre popularité était usurpée, c'était trop facile pensait la majorité d'entre eux. Comme disait Gérard Jugnot, nous avions démarré à l'envers. Les comédiens du Splendid avaient bâti chacun leur réputation petit à petit, tandis que nous nous sommes, nous, du jour au lendemain, retrouvés devant douze ou quinze millions de téléspectateurs chaque soir.

Les propositions des productions n'ont guère afflué.

Nous avions tous signé un contrat d'engagement théâtral, contrairement à la télévision pour laquelle nous continuions à être payé au sketch et en droits d'auteur...

Philippe Bouvard a décidé, devant le succès de l'émission, de la prolonger durant l'été : « Je vous emmène à Cannes. On va tourner en trois semaines deux mois d'émission. »

Il nous a installés dans un hôtel Ibis – j'ai la haine des hôtels Ibis depuis cette époque – pendant trois semaines en juillet, dans l'arrière-pays sur les hauteurs de Cannes, pour nous empêcher de passer nos journées à la plage et nous obliger à bosser.

Nous travaillions collégialement : si nous étions trois dans une scène, nous l'écrivions à trois. Nous avons tourné sur la plage du *Majestic* en décors naturels, ce qui enlevait le charme de l'imagination. Ce fut une expérience fabuleuse sur le plan professionnel et amical – des idylles se sont nouées entre certains des membres de la troupe –, et catastrophique quant au résultat. Le pari de tout faire en trois semaines était intenable. L'audimat a été très décevant. Les téléspectateurs ont écrit pour critiquer cette formule et faire part de leur déception.

Nous avons redémarré en septembre, heureux de retrouver nos deux paravents et nos deux plantes vertes, notre seul décor. Nous avons regagné des taux d'écoute extraordinaires.

Nous avons également repris les représentations au théâtre de la Renaissance. Nous faisions relâche le dimanche et le jeudi, ce qui permettait à Philippe Bouvard d'organiser des déplacements en province pour jouer ces soirs-là devant des salles de deux mille à trois mille personnes. La première fois, ce fut à Rouen devant trois mille personnes en délire : nous étions obligés de gueuler pour nous faire entendre malgré nos micros HF. Étrange expérience. Nous avions hâte de retrouver notre théâtre le lendemain !

Philippe assistait à tous les enregistrements télévision. En province, il se chargeait de faire monter la mayonnaise sur la scène. Il nous présentait un par un, terminant par moi, la mascotte de l'équipe. Nous gagnions royalement notre vie, mais je pense qu'il la gagnait mieux encore, ce qui était normal. Chacun son heure de gloire. Il en a profité, il nous en a fait profiter et il a eu bien raison.

Nous étions sur les rotules. Lundi, mardi, mercredi, théâtre ; jeudi, déplacements dans toute la France ; vendredi et deux fois le samedi, théâtre. Nous enregistrions le mardi après-midi une semaine d'émission. Nous ne pouvions plus tout faire, d'autres comédiens ont alors rejoint le théâtre. L'équipe s'est scindée : deux spectacles, deux équipes, nous jouions en alternance.

Nous goûtions à la popularité. Les gens nous reconnaissaient dans la rue : « Mais c'est la petite Mimie, tu sais, celle de la télé ! » ; « Tu crois que c'est elle ? » Ils nous arrêtaient pour discuter et nous demander quel était notre métier. C'est encore vrai aujourd'hui : une minorité pense qu'on ne peut pas gagner sa vie en exerçant un métier comme le nôtre, on est donc plombier-zingueur dans la journée et comédien le soir. Les chauffeurs de taxi nous interrogeaient : « Alors, qu'est-ce que vous faites pour gagner votre vie ? » Nous étions pour eux des comiques qui payaient pour passer à la télé. S'ils avaient su combien on touchait !

C'est agréable de se sentir aimé et de voir que des gens approuvent vos choix et vous encouragent à poursuivre parce que vous leur apportez quelque chose de positif.

Nous vivions un esclavage. Personne ne pouvait faire autre chose, nous n'avions pas une seconde. Une lassitude d'idées et d'écriture s'installait sérieusement.

En décembre 1984, il y a eu du tirage. Les premiers à partir furent les Quatre-Quarts, qui sont devenus les Inconnus quand Ledermann les a repris. Ils sont partis à cinq, Smaïn les a lâchés après.

Ça a été la guerre. Bouvard a été furieux de leur départ – il ne supporte pas qu'on le quitte –, d'autant plus que ceux qui les ont récupérés montaient des spectacles en annonçant *Le Théâtre de Bouvard* et en affichant leurs cinq noms. Lorsque nous arrivions quinze jours plus tard, on nous disait : « Ah non, *Le Théâtre de Bouvard* est déjà passé. » C'était la responsabilité des organisateurs à qui Bouvard a fait de nombreux procès, et non celle des comédiens. Nous nous sommes perdus de vue quelque temps, mais nous nous sommes retrouvés depuis avec bonheur.

Fin novembre 1984, le publicitaire Philippe Petit, un signe !, m'appelle de la Guadeloupe pour me proposer le tournage de trois spots publicitaires vantant les mérites des produits Alfapac (papier aluminium, barquettes de congélation, sacs poubelle). Les trois scénarios sont amusants et se veulent un clin d'œil en associant mon personnage à Alfapac : on est loin de la ménagère popote. Je suis d'accord, mais il reste à convaincre le président de la société SP Metal qui, bien évidemment, n'a jamais vu *Le Théâtre de Bouvard.* Philippe Petit lui propose d'appeler son fils de quatorze ans pour tester l'idée :

« Si je te dis Mimie Mathy pour une pub, qu'est-ce que tu dis ?

– Génial ! »

« OK », dit le père-président... Je pars une semaine pour les Antilles – grâce à l'alternance au théâtre –, accompagnée d'Yvan dont le billet est pris en charge contre la promesse que nous participerons à un cocktail d'inauguration d'une quelconque manifestation.

Le tournage se déroule en quatre jours dans des conditions parfaites et sans aucun problème. C'est la première fois que des spots télé réalisés en vidéo seront diffusés simultanément en métropole et dans les départements d'outre-mer. Nous passons, Yvan et moi, les trois jours de vacances qui nous restent à visiter les îles alentour, les Saintes, Saint-Barthélemy où nous nous laissons porter par la gentillesse et les attentions délicates de Philippe Petit, de John Persenda, le président de SP Metal, et de sa femme Marie-José, son associée.

Nous sommes revenus, Yvan, moi-même et certains de nos camarades qui avaient déjà quitté Bouvard, deux fois aux Antilles. La première fois dans le cadre de deux représentations, organisées par Philippe Petit, que nous avons données au Centre des arts de Pointe-à-Pitre devant mille personnes. La seconde fois pour participer au lancement de la campagne publicitaire à laquelle John Persenda nous a invités dix jours fin avril. Pour corser l'événement, nous avons joué trois sketches de notre répertoire.

J'ai quitté Bouvard progressivement, et définitivement en mars 1985. J'avais très envie de refaire un one-woman show dans des conditions autres que celles du café-théâtre. J'avais quelques économies mais qui ne me permettaient pas de produire seule le spectacle. C'est alors que John Persenda m'a proposé de cofinancer le spectacle. Il ne connaissait rien à la production mais il était prêt à se lancer. Mes parents se sont engagés également dans l'aventure. J'ai passé quelques nuits blanches à imaginer les pires catastrophes... et puis j'ai foncé pour tâcher d'être digne de la confiance qu'on me témoignait.

Nous nous sommes remis au travail mon coauteur, Didier Diosca, Jean-Claude Martin et moi. J'avais pour ma part envie de donner une autre ampleur au spectacle *Elle voit des géants partout,* mais je n'avais pas envie d'être seule sur scène. Nous avons créé deux personnages qui gravitaient autour de moi. Gaby Bonacini, une copine de l'Atelier Fugain, jouait le rôle féminin. Il restait à trouver le rôle masculin. Je voulais faire mes preuves sans Yvan et lui-même souhaitait repartir seul, professionnellement bien sûr. Il a été très présent durant toute la gestation du spectacle dont il a trouvé le titre *Mimie en quête d'hauteur.* Je me suis retrouvée de l'autre côté de la barrière à faire passer des auditions – c'est aussi impressionnant que de se présenter soi-même – avec Didier, Jean-Claude et Gaby. Nous avons enfin déniché notre rôle masculin. Le contraste entre nous était saisissant. Il était mon opposé avec son mètre quatre-vingt-cinq. Le trio était formé, le spectacle pouvait se bâtir sketch par sketch. *Mimie en quête d'hauteur* a démarré en novembre 1985, dans une très jolie mise en scène de Jean-Claude Martin, au théâtre de la Potinière, le fameux théâtre qu'aucun chauffeur de taxi ne connaît, ce qui semblerait indiquer que les spectateurs ignorent son existence.

Ce ne fut pas un grand succès. Nous avons eu quelques bonnes critiques, d'autres défavorables qui nous reprochaient de nous être trop inspirés du spectacle précédent alors que peu de gens étaient venus le voir au café-théâtre. J'ai répondu à ceux-là que ce serait comme attendre d'un chanteur qu'il renouvelle totalement son répertoire à chaque nouveau concert !

Sans doute m'étais-je lancée un peu trop tôt.

Sur le plan humain, en revanche, ce fut une réussite. Bien qu'il ait perdu de l'argent, mon producteur m'a suivie pendant six mois.

L'aventure s'est arrêtée le 26 avril 1986.

Bouvard ne s'est pas déplacé pour me voir jouer, il n'est pas curieux de nature, mais il m'a reçue comme invitée vedette dans son émission et m'a honorée de sa rubrique dans *Paris-Match.*

Je suis la seule comédienne de l'équipe qu'il ait aidée.

Un soir, j'ai vu débarquer dans ma loge un monsieur :

« Bonsoir, je suis Jean-Claude Camus. Je viens de voir votre spectacle que j'ai adoré. J'ai craqué complètement. Faites-vous une tournée ? J'aimerais qu'on se rencontre et que nous en reparlions. »

Pendant qu'il me parlait, je me répétais : « Jean-Claude Camus, mais c'est le producteur de Halliday, de Sardou, de Fugain, de Bachelet... tous les groupes rock qui viennent, c'est lui, et nous l'intéressons », je n'en croyais ni mes yeux, ni mes oreilles.

Nous nous sommes vus et nous avons discuté. Mon producteur et lui n'ont pu se mettre d'accord sur une tournée, mais j'avais un pied dans l'écurie Camus et nous sommes restés liés. Il a produit *Le Gros N'Avion* et aujourd'hui, je travaille avec lui.

Yvan et moi, toujours ensemble, avions mis sur pied, à la demande d'organisateurs qui nous avaient sollicités, un spectacle d'une heure regroupant quelques-uns de nos sketches et des chansons que nous produisions dans des boîtes de nuit où nous passions entre minuit et 1 heure du matin. Nous sommes ainsi allés à Genève, Strasbourg... nous avons joué une quinzaine de fois. Ce n'était pas exaltant, mais financièrement très intéressant. Le succès dans notre métier est particulièrement aléatoire, aussi nous n'avions pas cru bon de refuser.

Régine, femme merveilleuse, d'une grande profondeur et d'une qualité de cœur exceptionnelle, nous a ainsi demandé d'animer une soirée qui réunissait le monde du polo, du fric, de l'argent... des gens odieux, au bénéfice de SOS Drogue à Deauville. C'est à cette occasion que j'ai rencontré Michael Douglas, qui lui n'est pas odieux du tout, avec Yvan. Nous avions mis au point quatre ou cinq sketches tirés du répertoire de Bouvard que nous avons joués en face de gens qui ignorent ce qu'est la Sécurité sociale, qui ne savent pas ce que c'est que travailler. Nous nous sommes lamentablement plantés, un véritable bide, personne ne riait. Je suis sortie de scène en larmes, en disant : « Je les hais, je me barre, je ne veux plus jamais voir ces connards. » Michael Douglas a été le premier à venir en coulisses : « Ne t'inquiète pas, ils n'ont rien compris, ce n'est pas grave. » Gentil, sympa, chaleureux.

En juillet 1986, j'ai découvert le Canada. Les organisateurs du festival *Juste pour rire* de Montréal avaient assisté à une représentation de *Mimie en quête d'hauteur* et m'avaient suggéré de venir le présenter. Nous sommes donc partis là-bas et, pour la première fois, nous avons joué devant des spectateurs qui ne me connaissaient absolument pas. Ce fut une de mes grosses trouilles car j'avais très peur qu'ils me prennent pour une folle. Le festival durait une semaine et présentait soixante-dix spectacles du monde entier. Trois représentations étaient prévues dans un petit théâtre et une représentation, filmée, dans un théâtre de deux mille places où chacun produisait un extrait de dix minutes de son spectacle : c'était très impressionnant. Le public canadien est respectueux et participant. Si on lui présente quelque chose de sincère, il devient chaleureux et enthousiaste. L'accueil à notre égard fut excellent et reste un superbe souvenir.

J'ai vécu une période relativement calme pendant quelques mois à mon retour de Montréal. Puis Michèle Bernier et Bruno Gaccio m'ont proposé un rôle dans une pièce qu'ils avaient déjà jouée, *C'est ce soir ou jamais,* une pièce à trois personnages que j'avais beaucoup aimée et qu'ils avaient l'opportunité de reprendre du 1er avril au 30 juin 1987.

J'ai été très heureuse de retrouver Michèle avec qui nous nous étions un peu perdues de vue pendant mon dernier spectacle. Il y avait aussi Isabelle, la troisième comparse... Pourquoi ne pas tenter d'écrire quelque chose ensemble ?

Yvan, lui, avait poursuivi avec Bouvard après mon départ de la troupe. Ce n'était pas l'euphorie, l'équipe des tout-débuts avait éclaté et s'était reconstituée autour d'autres individualités. La connivence n'était peut-être plus la même. Financièrement, cela lui permettait de vivre bien.

Il aurait aimé faire une carrière à la Patrick Bruel – ils se ressemblaient physiquement et ils avaient la même aura auprès des femmes –, un peu de théâtre, un peu de cinéma, un peu de chanson, toucher à tout. Chaque fois que nous rencontrions Patrick, il me disait : « C'est ce que j'aimerais faire. » Mais à l'inverse de Patrick, Yvan n'était ni un grand courageux, ni un grand bûcheur et dans ce métier, on n'aboutit à rien sans un travail acharné. Il entamait beaucoup de choses dans sa vie sans les mener à bien. Il faisait tout en dilettante : il a sorti deux disques qui ont été essentiellement achetés par les copains ; il déployait un réel talent pour la photographie, qui était une véritable passion. Il photographiait des paysages, des objets... il a même exposé avec succès. Quelqu'un – Marcel Carné me semble-t-il – lui a proposé de travailler pour lui en agence. Yvan a répondu : « Il faut se lever tous les jours à 6 heures, c'est non. Je prends mon appareil comme je le sens et ça marche. » Il ne voulait surtout aucune contrainte qui aurait pu gêner son goût du plaisir.

Yvan était originaire de l'Est de la France. Il venait d'une famille relativement dispersée, éprouvée par une grave maladie de la mère, et dans laquelle les enfants, qu'on aimait certes, étaient un peu livrés à eux-mêmes.

Il avait quitté la cellule familiale pour Paris de très bonne heure et n'était pas vraiment attaché aux valeurs familiales traditionnelles.

C'est à travers ma propre famille qu'il a découvert la puissance et le bonheur d'une vraie relation familiale. Il adorait mes parents qui l'aimaient beaucoup tout en déplorant notre relation dont ils savaient qu'elle ne pouvait aboutir à ce que je souhaitais, mais ils respectaient mon choix. Yvan était très copain avec mes frangines et Sébastien, mon neveu. Il trouvait dans mon cercle familial un équilibre qu'il n'avait jamais connu ou jamais su apprécier chez lui.

J'avais décidé de faire une fête pour ses trente ans. Nous en avions parlé : « Je t'organise tes trente ans, laisse-moi faire ! » J'ai mobilisé tous ses copains, j'ai loué un restaurant – chacun payait sa part parce que je ne pouvais inviter tout le monde –, le patron-ami a fait un énorme gâteau en cadeau d'anniversaire et nous lui avons offert un super-blouson.

Une organisatrice de tournées m'a proposé d'emmener *Mimie en quête d'hauteur* à La Réunion et à l'île Maurice. Nous avions eu beaucoup de problèmes avec le déplacement au Canada en raison de la difficulté du transport et du coût de l'entreprise, je n'étais donc pas enthousiaste. Je lui ai suggéré d'écrire un spectacle à trois. Elle a accepté.

Michèle Bernier, Isabelle de Botton et moi nous sommes mises au travail. Nous assurions seules la mise en scène. C'est alors qu'on nous a proposé de jouer une semaine à Clermont-Ferrand dans un café-théâtre. C'était le moyen de roder discrètement notre spectacle et d'en mesurer l'impact sur le public. Nous sommes parties là-bas et, au cours de la semaine, nous avons modifié un certain nombre d'éléments qui fonctionnaient mal. Succès. C'est ainsi qu'est né *Existe en trois tailles.*

En mai 1988, nous sommes parties, avec l'organisatrice de la tournée et notre régisseur, pour La Réunion et l'île Maurice. Nous avons été merveilleusement bien accueillis. Une équipe nous attendait pour nous aider à résoudre tous les problèmes afin que le spectacle soit parfait. L'assistance technique était impeccable. Ce fut un triomphe. Nous avions eu très peur de devoir jouer devant un public réduit parce que l'île Maurice est anglophone. En fait, la moitié de l'île a assisté aux représentations.

Au retour, on nous a proposé une semaine à Lyon. Nous ressentions le besoin de travailler avec un metteur en scène. Nous avions vu *El Secundo,* monté par Patrick Timsit avec les Bill Baxter, qui nous avait beaucoup plu. Nous l'avons attendu à la sortie pour lui proposer de nous mettre en scène. Nous ne partions pas de zéro : « Il existe déjà beaucoup de choses mais il faut retravailler. Est-ce que vous seriez d'accord ? » Il nous connaissait de réputation. Après une lecture chez lui, il a accepté.

Le succès a été tel que nous avons dû donner deux représentations supplémentaires.

Alain Mallet, qui nous avait vues, nous a proposé sa salle, le théâtre d'Edgar à Paris, pour le mois de novembre.

Des années auparavant, Yvan avait eu une très grave maladie qui laisse généralement des séquelles dans le sang. Il n'en avait plus aucune trace. Là, subitement, il était inquiet car il avait des symptômes à répétition.

J'avais eu un léger problème de santé qui m'avait amenée à consulter à l'hôpital. Il m'a demandé de prendre rendez-vous pour lui.

Le couperet est tombé : Yvan était très gravement malade et, à terme, perdu. Notre réaction immédiate a été : « On s'en sortira, tant qu'il y a vie, il y a espoir. » Il avait résisté autrefois, pourquoi pas maintenant. Il fallait tenir et se battre, prendre ce qu'il y avait à prendre.

Sentimentalement, je m'étais détachée de lui. L'amour que je lui portais s'était transformé en tendresse-amitié-amoureuse. Les vrais amis, ma bande à moi et quelques-uns de ses copains d'enfance qui vivaient à Paris, se sont mobilisés autour de lui. Il y a eu des choses extraordinaires, des moments de partage et d'amitié exceptionnels.

La maladie s'est traduite, en outre, par de très gros problèmes psychologiques.

Nous avions un jour décidé, à l'époque de Bouvard, de prendre des vacances à tour de rôle à cause du théâtre. Il était donc parti un hiver au Brésil, seul. Il avait été hospitalisé à la suite d'un empoisonnement par une noix de coco droguée qu'on lui avait offerte sur une plage. Je l'avais vu revenir traumatisé et dans un sale état. Au cours de sa maladie, cette histoire est remontée à la surface, il craignait sans cesse d'être empoisonné. Il devait se nourrir avant tout le monde si j'organisais un buffet à la maison, il ne supportait pas qu'on lui apporte une bouteille d'eau déjà décapsulée : il fallait impérativement l'ouvrir devant lui. Si, lorsque nous faisions des courses, quelqu'un poussait nos achats sur le tapis roulant du supermarché pour gagner du temps, je savais qu'on pourrait tout jeter en arrivant à la maison. Il était obsessionnel : il se lavait les mains indéfiniment, il sortait et entrait quinze fois de suite de chez lui pour vérifier qu'il avait fermé la porte. Il était conscient de cet état de choses, mais incapable de le surmonter.

J'ai appris la tolérance à l'égard de la maladie, mais parfois je craquais. Quand une fois de plus, il se lavait les mains : « Tu me fais chier, Yvan, coupe cette eau et viens t'asseoir. » Cela se terminait soit dans les larmes, « je n'y peux rien », soit il partait en claquant la porte, « puisque tu ne veux pas me comprendre... », et il revenait un quart d'heure plus tard.

Son médecin à qui j'en parlais me disait que c'était pour lui un moyen d'occulter la fin inéluctable. Il transférait sa peur de la mort sur l'idée obsessionnelle qu'on voulait le tuer.

Des problèmes d'argent s'ajoutaient au drame physique et psychologique. *Le Théâtre de Bouvard* s'était arrêté. Yvan ne pouvait plus réellement travailler. Il était donc sans ressources. Nous étions plusieurs copains à l'aider, à payer son loyer mais nous ne pouvions pas assurer financièrement une aide psychologique à six cents francs la séance. Sa marraine, une femme exceptionnelle qui l'aimait beaucoup, a été également très présente moralement et financièrement tout au long de ces années.

Je préparais *Existe en trois tailles* avec Les Filles. Lorsque j'avais un creux et qu'il allait mieux, nous acceptions des galas en boîte de nuit. Je voulais pour son moral qu'il travaille un peu. Nous faisions une demi-heure de spectacle à 2 heures du matin – absolument passionnant et c'est pourquoi aujourd'hui je suis prête à tous les publics, il n'y a plus grand-chose qui puisse me faire peur –, mais je n'étais jamais sûre de ses réactions. Je m'interrogeais sans cesse : « Va-t-il tenir, qu'est-ce qu'il va faire ? » Il pouvait me lâcher sur scène sur un mot qui le choquait, ou une réaction du public qu'il aurait mal interprétée.

Durant les deux dernières années de sa vie, il a évolué. D'un peu je-m'en-foutiste, il est devenu plus attentif et respectueux des souhaits des autres, plus délicat, plus attentionné. Ses priorités ont changé : il a privilégié les copains, les dîners entre amis, les soirées calmes. Il s'est accroché aux choses vraies.

Il parlait de sa mort. Il ne regrettait rien de ce qu'il avait vécu, mais il trouvait qu'elle venait trop tôt. Nous essayions d'aller dans l'autre sens : « Avec la chance que tu as, tu vas t'en sortir, et les médecins n'y comprendront rien. Il faut tenir. » Chaque fois qu'il sortait de l'hôpital et qu'il avait repris le dessus, nous disions : « C'est génial, c'est encore ça de gagné. » Il y croyait et, à certains moments, moi aussi.

Pour moi, Yvan était une priorité. Ses jours étaient comptés : je voulais qu'il soit heureux, quoi qu'il se passe, quoi que ça me coûte, quelque temps que ça me prenne. J'ai été confortée dans l'idée qu'il n'y avait que deux choses graves dans la vie, la maladie et la mort. Le reste, on peut s'en arranger.

Il ne voulait pas prévenir sa mère, qu'il aimait beaucoup, de la gravité de son état afin qu'elle ne s'inquiète pas. Son père est venu le voir quelques jours avant sa mort à l'hôpital. Il a découvert qu'il avait laissé passer trop de temps sans connaître son fils.

Philippe Bouvard ne s'est jamais manifesté, ni pendant sa maladie, ni après sa mort.

Nous avons passé le dernier Noël chez les Fugain à la campagne, entourés d'amis. Yvan avait prévu un petit cadeau pour chacun. Nous n'avions ni les uns ni les autres la larme à l'œil, c'était : « Bon, alors tu nous fais chier, tous les ans, on se dit que c'est le dernier. On va arrêter de se préparer à te voir partir. Dans cinquante ans, on sera encore là à se dire : il faut qu'on soit gentil avec lui ! » On en rigolait.

Un des moments les plus forts de ma vie a été la dernière nuit. Les médecins m'avaient prévenue : « Ce sera cette nuit. » Nous étions tous là. Il y avait Patrick Chêne et sa femme qui l'avaient connu par mon intermédiaire, Lionel et Monique Cassan, mes parents qui étaient venus de Lyon à ma demande, un de ses copains d'enfance, Gamelon, quelques autres amis très proches. On a organisé une veille : nous n'étions pas tous dans la chambre en même temps. Les infirmières avaient ajouté des chaises et des fauteuils, elles nous apportaient du café, nous avions des sandwichs. Il était inconscient, mais nous lui parlions : « Il faut qu'on arrête de te dire des conneries, tu fais semblant de dormir... » Nous avons ri et nous avons été près de lui jusqu'au bout. Nous lui portions témoignage, parce qu'il l'avait dit, que la vie est belle.

Il est parti, à trente-trois ans, le 1er juin 1990, dans l'esprit dans lequel il avait vécu, rassuré parce que nous étions là.

Il avait demandé à être enterré à Paris plutôt qu'à Strasbourg avec sa famille. Nous lui avons fait des obsèques religieuses parce que c'était encore un moyen d'être tous réunis autour de lui. C'était la seule raison, parce que sa mort ne m'avait pas réconciliée avec Dieu, loin de là !

Pour Yvan, je crois que j'étais un équilibre qu'il n'avait pas ailleurs. J'étais un îlot de sécurité, de tendresse, un lieu où on sait qu'on a toujours tout. Quoi qu'il se passe.

L'amitié amoureuse partagée avec Yvan et sa mort sont la preuve pour moi qu'il ne faut jamais dire : « Fontaine, je ne boirai pas de ton eau. » Nous avons tous, quand nous sommes gamin, un tracé de vie idéal dans la tête, ce qu'on sera ou ce dont on a envie. Il ne se réalise jamais tel qu'on l'a imaginé. On peut essayer à tout prix, et se dire « j'irai droit mon chemin », mais alors on passe à côté de beaucoup de choses. Idéalement, j'aurais pu être grande, avoir une vie normale, un métier stable, rencontrer l'homme de ma vie à vingt ans, et avoir trois beaux enfants. Génial ! Mais ça ne se passe pas comme cela. L'homme de ma vie, je ne l'ai pas rencontré tout de suite. J'ai eu Yvan. Je savais qu'il n'était pas l'homme de ma vie mais je savais aussi qu'il était un des hommes de ma vie. Pourquoi serais-je passée à côté ? Ça a été une rencontre importante. Avec lui, je suis allée au bout. Il m'a rendu la vie belle.

J'ai passé des mois entiers à l'hôpital, j'y allais chaque jour. Se dire : « Je me réveille, tout va bien, je respire, et je n'ai pas un couperet qui va tomber parce que je suis condamnée, c'est merveilleux. Je suis comme ça, petite, ce n'est pas grave. » L'apparence s'efface sous la sincérité d'un souhait, d'une envie. Dans le mot « envie », il y a vie. Quand on dit : « Ça transpire par tous les pores », ce n'est pas une image, c'est quelque chose qui existe. Quand on transpire le bonheur de vivre, on fait passer tout ce qu'on veut. Je vis, j'ai des amis, je suis entourée, j'ai un métier. Ce que je n'ai pas, je l'ai en espoir, mais je peux avoir des espoirs parce que j'ai la vie. Cette foi que j'ai en moi, c'est une foi en la vie. Yvan ne pouvait plus faire de projets, c'était : « Qu'est-ce qu'on fait demain ? », et pas dans six mois.

Vie est synonyme de chance pour moi. On peut faire n'importe quoi de sa chance, on peut la laisser passer, mais on peut aussi se remuer. La vie n'est pas un but en soi, mais quand on en a un, c'est qu'on a la vie. Il faut se donner les moyens de l'atteindre. Ces buts, ces envies, ils peuvent être de tous ordres : réussir sa vie de femme, de mère, son métier, devenir princesse – on s'arrange pour rencontrer Albert de Monaco et on l'épouse ! –, on peut penser qu'on les atteindra parce qu'on est vivant. Je ne pense pas qu'il y ait grand-chose d'irréalisable. Mais il faut croire et on ne peut être que seul à y croire au départ. Après, on peut être convaincant. La mort m'a confirmé que c'est ça la vérité. J'étais optimiste, je le suis plus encore aujourd'hui, même s'il y a des failles, et heureusement, à l'optimisme. Le départ d'Yvan m'a aidée à grandir ; il y a des choses importantes et il y a des choses secondaires qui ne sont pas mortelles. Si quelqu'un veut me faire la gueule, si quelqu'un ne m'aime pas, c'est beaucoup moins important maintenant : tu ne m'aimes pas, ce n'est pas grave. Si c'est une personne à qui je tiens, j'essaie de lui prouver qu'elle se trompe.

Yvan fait partie de ma vie. Il est une part de moi que personne ne pourra m'enlever. Je ne regrette rien des sept années de partage quotidien que nous avons vécues, même si j'ai laissé peu ou prou de côté ma vie de femme. Il y a eu des hauts et des bas, mais tant de hauts ! Il a été pour beaucoup dans la maturité que j'ai acquise, dans le bien-être que je ressens d'être dans mes baskets. Nous sommes tous des puzzles. Yvan est un gros morceau de mon puzzle qui s'est mis en place quand il le fallait.

Dans ces années si dures, j'ai été extrêmement entourée. Ce que beaucoup ont fait pour Yvan, ils l'ont également fait pour moi. L'amitié et la tendresse étaient là, c'était un cadeau qui me permettait de nourrir Yvan de ma propre tendresse. Ce sont des moments forts qui ne sont qu'à nous et qui le sont à vie.

VIII

J'ai toujours aimé le spectacle musical que j'associe au rêve et le rêve passe forcément pour moi par le mouvement, le rire et l'émotion. Il n'y a rien de plus beau au monde que le rire. J'aime entendre une salle rire, c'est mon but sur scène lorsque je monte une pièce. L'existence est si difficile, souvent triste et trop grave, que ce soit à titre personnel ou collectif – catastrophes naturelles, violence, injustices, guerres et drames de toutes sortes –, que je veux apporter au public quelque chose de plus que ce qu'il a au quotidien, lui permettre d'oublier pendant deux heures ce qui pèse sur lui, l'amener à penser à autre chose. Dès qu'on franchit la porte du théâtre, on a toutes les chances de marcher dans une merde de chien ou de se faire écraser, alors le temps de la représentation, on doit être ailleurs et l'ailleurs passe par plein de choses. C'est ma conception du métier.

Je hais l'image que certains comédiens donnent de notre métier. Ils arrivent sur scène sans savoir leur texte, avalent les répliques de leurs partenaires. Ils ne respectent ni les textes ni les autres comédiens. Ils jouent parfois trois fois le samedi pour être libre jusqu'au mercredi : jouer deux fois le même jour est déjà exténuant, on peut imaginer aisément ce que veut dire trois fois : « J'enchaîne, j'enchaîne et je fais tomber le paquet. » Nous avons assisté, plusieurs copains et moi-même, à des spectacles de ce type. Nous en sortions atterrés. Mais ils remplissent les salles et c'est le seul respect qu'on leur doit. On peut s'interroger, peut-être en faut-il pour tout le monde. Mais il est sûr qu'à mes yeux ils ne contribuent pas à tirer leur public vers le haut. Je ne citerai pas de noms, ils se reconnaîtront.

Je comprends qu'on n'ait pas forcément envie de monter des pièces comiques, et heureusement. Il en faut pour tous les goûts. Tout le monde n'a pas envie de rire. Je peux être fascinée, bien que je sache que moi je ne jouerai jamais ce registre, par de très beaux spectacles sérieux, bien montés et bien joués, qui apportent émotion et réflexion. Si en face de soi se dégage une vraie sincérité, on est prêt à tout prendre.

À travers le rire, on peut faire passer beaucoup de choses : j'ai adoré le dernier one-woman show de Sylvie Joly dans lequel elle brossait avec lucidité et humour un tableau de sa vie, alliant rire et tendresse. J'ai pris ce soir-là un grand vent de sincérité dans la figure.

Il faut qu'il y ait don de soi, il faut qu'il y ait une jouissance en face pour que la mayonnaise prenne. J'ai le goût du spectacle dans le sang, j'aime avoir un auditoire, j'ai toujours raffolé de cela. J'adore ouvrir des portes sur l'extérieur pour moi et pour les autres. Métro, boulot, dodo, je déteste...

On se donne plus sur scène où l'on joue un personnage que dans la vie où on est sans cesse confronté au regard des autres. J'essaie toujours d'aller au bout de ce que je suis. Certains soirs, on sort de la représentation mécontent. On n'a pas été présent à ce qu'on jouait, et si le public ne l'a pas mesuré, on sait, soi, qu'on n'a pas « transpiré ». D'autres soirs, on prend un pied monstrueux : on est dans le rôle et alors on ne se pose aucune question, on se laisse aller sans penser à rien d'autre. Lorsqu'on a digéré le personnage, on le sent, il fait partie de soi. On est en eau en sortant, mais c'est absolument génial, on ne peut pas tricher.

Je mesure 1,32 m, j'ai mes kilos en trop et voilà que je vais encore me mettre sur scène, bouger, danser, et à travers le rire faire passer quelque chose au public ! Il faut être égocentrique pour être acteur. Il faut un dosage savant entre l'envie, un peu de talent et un grain de folie pour avoir la prétention de croire qu'on peut intéresser des gens qui vont payer pour venir vous voir. Comme on ne sait jamais si cela va marcher, il y faut aussi une bonne dose d'égocentrisme masochiste, puis en fin de compte de l'égocentrisme jouissif si la réussite est au rendez-vous !

Le public joue un grand rôle dès le début du spectacle. Nous en sommes tributaires. Ceux qui prétendent s'en moquer devraient changer de métier. On le reconnaît. Les réactions ne sont jamais les mêmes là où on les attend. Certains publics semblent froids tout au long de la représentation qui s'achève sur... une ovation, alors qu'on aurait pu se laisser déstabiliser et jouer à l'économie.

Dans un drame, on entend tousser, respirer, mais il n'y a pas besoin de ponctuation. Dans la comédie, en revanche, le rire est une ponctuation indispensable. S'il n'existe pas, on s'interroge : « Que se passe-t-il, on n'est pas drôle ? » Lors de la dernière répétition du *Gros N'Avion,* la pièce durait une heure et vingt minutes. Dès la première, elle a fait une heure quarante minutes. Nous n'avons rien ajouté. Il y avait vingt minutes de ponctuation par les rires. C'est donc un véritable échange avec le public.

Toutes les formes de théâtre sont respectables si le ressort en est la qualité et l'attention portées à ceux qu'on a en face de soi. Il faut rester sincère vis-à-vis de soi et vis-à-vis du public. La première qualité du comédien, comme du metteur en scène, c'est le respect du public sans qui ils n'existent ni l'un ni l'autre et qui ne doit jamais avoir le sentiment qu'on s'est moqué de lui.

Je ne comprends pas comment, que ce soit au théâtre ou au cinéma, des réalisateurs ou des metteurs en scène se font plaisir sans tenir compte du public. Certains ont, à mon avis, déjanté en tournant en quinze jours des films qui n'apportent rien à personne ! Justice est rendue, personne ne va les voir.

Dans les périodes de crise, comme en temps de guerre – certains spectacles ont très bien marché à l'époque –, les gens achètent, sortent beaucoup car il faut se distraire, mais ils choisissent, qu'ils soient drôles ou sérieux, les spectacles de qualité. Le cinéma et le théâtre, quand on en fait, c'est tout sauf de la branlette. La branlette, c'est perso, il faut la garder pour soi.

Guy Bedos a fait un triomphe avec *Arturo Ui,* spectacle à gros budget et sérieux s'il en est. La pièce de Palmade et Lavanant où on rit du début à la fin, Sylvie Joly, Boujenah ont séduit le public parce que l'on sait ce qu'on va voir, qualité de rire, d'émotions et de pleurs. Ce qui est feu de paille, frime, apparence ne tient pas. Il y a une demande des spectateurs, que ce soit au théâtre, à la télévision – les émissions de variétés connaissent une forme de désaffection, y compris celles fondées sur des jeux d'argent –, au cinéma, pour plus d'authenticité. *Les Maîtres du pain, L'Instit,* ont connu un succès considérable parce que, d'une certaine façon, ces films ouvrent une porte que l'on n'a pas chez soi, et permettent de passer une heure et demie à regarder la vie de quelqu'un et se dire : « Tiens, je pourrais vivre ça, tiens, ça ne m'arrivera jamais, mais je suis ailleurs et après je reviens chez moi. » Or il n'y a rien de plus drôle que la vie de tous les jours. Les films les plus réussis sont ceux qui font appel à la mémoire collective. On a tous vécu un certain nombre de choses, on a tous vu ceci ou cela, on a tous ressenti certaines émotions. Il faut aménager et lier les ingrédients et amplifier si l'on veut dans le délire. Le spectacle aide à pouvoir réaliser ce qu'on ne fait pas dans la vie. C'est payant de se servir de choses qui se sont passées parce que c'est la vie. Le spectateur se projette et s'identifie à la situation.

Un rire tendresse, un rire émotion, un rire spontané, c'est ce que j'ai envie de donner.

Pour éviter qu'on nous nomme « Mimie Mathy et ses copines », ce qui était souvent le cas car on retenait plus facilement mon personnage, Isabelle de Botton, Michèle Bernier et moi nous sommes appelées Les Filles en commençant à Paris en 1988.

Nous avons démarré *Existe en trois tailles* au théâtre d'Edgar en novembre 1988. Ce fut un très grand succès : trois cent quatre-vingt-dix représentations, quasiment à guichet fermé, avec un intermède d'un mois pour les vacances et une tournée gigantesque.

Lors de la dernière, le 20 janvier 1990, tout le monde était content. Notre producteur avait surmonté ses problèmes financiers et racheté son théâtre ; nous-mêmes avions bien gagné notre vie. Chacun, comédiennes et producteur, reprenait sa liberté, la prochaine aventure nous tendait les bras.

Les Filles avaient envie de grandir.

Existe en trois tailles était une succession de sketches écrits à trois mains. Nous voulions nous essayer dans une continuité en tentant l'écriture d'une pièce.

Jean-Claude Camus, avec qui j'étais restée en contact, m'avait dit :

« Je produis votre prochain spectacle. »

Le bonheur ! L'occasion pour nous de jouer dans la cour des grands !

Huit mois d'écriture, de doutes, de remises en chantier. Nous avons planché sur différents sujets, essayé plusieurs arguments, et puis un jour, les choses se sont mises en place d'elles-mêmes et se sont imposées au fur et à mesure de l'écriture, je ne sais pas comment. Il doit y avoir une progression tout au long de la pièce, chaque personnage doit prendre sa place. Trois premiers rôles, ce n'est pas évident, l'attention du spectateur ne doit pas se relâcher jusqu'au dénouement final qui est l'apothéose.

Patrick Timsit, notre metteur en scène d'*Existe en trois tailles,* n'était pas libre : il avait son propre one-man show en route. Nous avons pensé toutes les trois à

Éric Civanyan, un copain, très bon acteur, qui nous avait laissé entendre qu'il serait content de travailler avec nous. Il avait fait le Conservatoire, mais il était surtout passionné de mise en scène et il connaissait très bien nos Inconnus de chez Bouvard. Il avait travaillé, entre autres, avec Guy Tréjean pour *Antigone* d'Anouilh.

Nous l'avons appelé :

« On veut te faire lire quelque chose. »

Une heure plus tard, il rappelait :

« J'ai déjà une idée. On pourrait faire... »

Et nous avons immédiatement commencé à travailler.

Éric est quelqu'un de merveilleux, il apporte un calme et une sûreté dont j'ai besoin. C'est ce que j'aime chez lui : il arrive, il pose sa trousse, il s'installe. Il a le texte, il fixe le temps de travail et il sait exactement où il veut arriver. C'est extrêmement rassurant. Il ne se plantera pas. Tout sera fait à temps, il donne confiance. C'est réconfortant de laisser porter ses angoisses par un monsieur aussi galant que talentueux.

Au fil de l'écriture, il vous vient nécessairement des idées de mise en scène, de décors, de mouvements. C'est là qu'intervient le travail très important du metteur en scène, qui, extérieur à l'histoire, va apporter, avec son recul, un regard différent. Il va parfois proposer des modifications, des aménagements du texte : son travail va être de mettre en rapport le texte, les intentions qu'il contient, et la matérialisation de l'ensemble pour accrocher le public sur la durée.

On commence avec Éric par travailler d'abord tout à plat et jouer comme on le sent. Puis il donne des indications, on élague, on affine et petit à petit, cela prend forme. Il faut parvenir à épurer le texte des intentions afin d'éviter de dire ce que l'on joue sur scène : la peur ou l'étonnement peuvent s'exprimer par un regard, une attitude, un geste qu'il n'est pas nécessaire de doubler par des mots. On se contente souvent d'interpréter les mots tels qu'ils sont écrits, mais si on les dépasse, le théâtre en est le bénéficiaire.

Certains comédiens préfèrent travailler sans metteur en scène. J'ai le sentiment inverse en ce qui me concerne. Il est important pour moi de me mettre entre les mains de quelqu'un d'extérieur : je sais que de l'échange, comme au ping-pong, va naître le vrai spectacle. La confiance n'exclut pas les discussions. Il ne s'agit pas d'imposer mais de rebondir sur une idée.

Il va sans dire que le comédien, au cours de tout ce travail, doit apprendre son texte. Pour moi, je lis et je relis le soir avant de me coucher, deux fois, trois fois, ou vingt fois et le lendemain matin, je le sais. Et au fur et à mesure du spectacle, les choses se mettent en place, mais en principe je suis fidèle au texte. Sauf incident dans la salle où improviser avec le public peut être un régal... ou une galère.

À force de travailler et de répéter ensemble le texte d'une pièce avec ses partenaires, on arrive à attraper beaucoup de choses : une réplique en entraîne une autre, et on se repose un peu les uns sur les autres. Un soir, j'ai eu un trou dans *Existe en trois tailles,* plus rien. Je savais que c'était à moi – ce qui prouve que je n'étais pas concentrée –, le vide. Michèle était en face de moi. Elle a lu dans mon regard la panique, elle a enchaîné, m'a remise sur les rails, et c'est reparti.

Dans le cadre d'un one-man show, un incident de ce type est une horreur puisque personne n'est là pour vous relancer. Il n'y a plus de souffleur dans la majorité des théâtres : il faut savoir son texte.

Le spectacle se met en place petit à petit. On prend ses marques, on parle beaucoup, on travaille au mot à mot, on voit le bébé prendre forme. On crée et puis un jour, on décide de jouer dans les conditions de la représentation, sans lire le texte.

On fait un premier « filage ». On voit les défauts, les incohérences, les impossibilités... Et le metteur en scène reprend le travail. On ressent parfois un sentiment de découragement : on n'y arrivera jamais ! À force d'acharnement, de volonté, on y parvient. Un jour, on se sent prêt et on se lance. On refait un deuxième, puis un troisième filage. On répète encore et encore jusqu'à avoir le spectacle bien en jambes, en mots.

Les répétitions ont rarement lieu au théâtre, généralement occupé par les décors du spectacle en cours. Éric avait créé une maquette du décor en trois dimensions pour *Le Gros N'Avion* : un élément représentait la banquette, un autre le lit, et là c'était le couloir d'arrivée, qui nous permettait d'avoir les indications des entrées et des sorties. Nous avons eu une seule semaine de répétition dans les décors réels en place au théâtre.

Les quinze derniers jours sont terribles. Aux répétitions et à l'angoisse qui monte, il faut ajouter les interviews, les télévisions, la publicité. Quand on en a le temps et l'opportunité, le rêve est de roder le spectacle en province. Ça a été très rare en ce qui me concerne, de là la trouille encore plus immense le jour de la première !

La première du *Gros N'Avion* a eu lieu le 21 janvier 1991 au théâtre de la Michodière. À cette occasion, j'ai découvert que, sous son calme parfait, Éric était un angoissé maîtrisé. Il était ce soir-là livide. Mes frangines étaient présentes mais mes parents, qui avaient assisté à toutes mes premières, ne sont pas montés cette fois-là. Dans le doute, je n'avais pas envie de les avoir tout de suite.

Leur jugement a pour moi une importance considérable. S'ils aiment ce que je fais, j'ai l'impression que le public suivra également. J'avais à mes débuts besoin de l'autorisation parentale – « qu'est-ce que va en penser papa ? » –, et quand nous écrivions à plusieurs, je m'interrogeais toujours sur ce qui leur plairait ou non. Je disais souvent aux Filles : « Je ne peux pas exprimer ça », et elles me répondaient : « Tu nous fais chier avec ton père. » Quand elles le rencontraient, elles lui demandaient : « Alors, Marcel, tu n'aimes pas quand on fait ça ? »

Jean-Claude Camus l'avait deviné car il m'avait dit : « Si tes parents ne sont pas accros du premier coup, tu vas tout remettre en cause. »

Aujourd'hui, je ne cherche plus leur accord. Je sais ce que j'aime et ce que je n'aime pas, cela reste relativement dans la lignée de l'entendement familial.

Le spectacle a été très bien accueilli, nous avons eu de bonnes critiques, le public était content.

Nous avons joué plus de deux cents fois sans la moindre lassitude. C'était un vrai bonheur parce que nous nous amusions et les spectateurs le sentaient. Je serais prête à rejouer cette pièce de nombreuses fois.

Nous avons arrêté en juin 1992.

Isabelle était enceinte et a dû renoncer à la tournée que nous avions prévue en octobre, novembre et décembre. Nous avons tourné dans soixante-dix villes de France et de Suisse en trois mois avec Martyne Visciano, ancienne de l'équipe de Bouvard et amie à vie.

L'accueil en province est toujours extrêmement chaleureux. Les gens sont ravis de venir au spectacle, d'abandonner pour deux heures la banalité de la vie quotidienne. Cela marche du tonnerre, la salle est généralement pleine. Certains publics sont plus chaleureux que d'autres, dans le Nord et l'Est très accueillants, gai et chahuteur dans le Midi. Les salles varient également d'un jour à l'autre. Il arrive parfois que l'on modifie très légèrement un texte en fonction de l'ambiance. Une réplique qui passe très bien un soir fera un bide le lendemain, et le surlendemain ce sera bon. Mais nous essayons toujours de faire référence, d'une façon ou d'une autre, à la ville dans laquelle nous nous trouvons en citant un monument, ou le nom du maire, ce qui déclenche l'enthousiasme. Les spectateurs ont la fierté de leur ville, ils apprécient qu'on la connaisse et qu'on en parle : nous devenons des leurs et nous ne sommes plus seulement des Parisiens en déplacement.

À l'issue du spectacle, beaucoup attendent pour rencontrer les comédiens. On est vidé quand on sort de scène mais il est important d'être attentif à garder le contact. C'est une leçon de Fugain : ne jamais refuser. Il ne s'agit pas de passer une heure avec chacun, mais de rester un moment, de répondre aux questions et de signer des autographes. Il est impossible de n'être qu'un personnage sur scène. Il faut exister après. Je comprends qu'un Michael Jackson ne puisse pas signer un autographe à chacune des trente mille personnes qui se déplacent pour l'écouter, mais je n'en suis pas là et je serais, moi, malade de ne plus pouvoir le faire. Des gamins viennent me voir parfois avec de petits dessins, ou des objets qu'ils ont fabriqués à mon intention. Je m'en voudrais de briser le cœur d'un môme qui espère voir sa « vedette » et de me priver de ces témoignages d'affection.

Je prends le temps de parler avec ceux qui me demandent un conseil pour aborder ce métier. Je reprends exactement le schéma de Michel Fugain car il est le bon : « Si tu y crois, tu y arriveras. Finis d'abord tes études, prépare-toi une sécurité au cas où cela ne marcherait pas, mais il n'y a que toi pour y croire vraiment. N'attends rien que de toi-même. »

Je reçois des lettres, des poèmes, des textes que des jeunes m'envoient. Toutes commencent de la même manière : *« Je sais que cette lettre ne parviendra certainement pas à Mimie, mais si vous la lisez, je vous en prie, faites-la lui passer. »* Beaucoup sont persuadés que ce n'est pas moi qui réponds au courrier. Et pourtant, tout passe entre mes mains. Mon équipe a ordre de tout me transmettre. Je ne veux pas me faire dire un jour : « Je vous ai écrit dix fois. »

Je donne des adresses de cours, d'écoles mais j'ajoute toujours : *« Je ne peux rien faire pour toi, fais-le toi-même, mais tiens-moi au courant. »* Je laisse une adresse professionnelle à laquelle on peut me joindre. C'est encore l'école Fugain. Il a permis la discussion, il m'a écoutée. Ensuite, je me suis donnée les moyens d'aboutir. Michel a été la petite lumière qui m'a guidée. J'ajoute que ma grande chance a été l'ouverture de l'Atelier. Il m'a tendu une main. Sans lui, je n'aurais peut-être pas fait la démarche. Il a entrebâillé la porte.

Les déplacements avec Philippe Bouvard, les galas, les tournées avec Les Filles, m'ont fait découvrir un autre monde, la province.

Paris n'est pas la France. C'est une île. On y vit le jour et la nuit. Quand on arrive dans une petite ville de province, c'est souvent ville morte à 19 heures. Il y a deux ans environ, je faisais un gala sous un chapiteau dans le Nord : je jouais seule. Il était 18 heures. J'avais mal à la gorge. J'avais envie de boire quelque chose de chaud. Nous entrons, mon régisseur et moi, dans le premier bistro venu. Les hommes étaient accoudés au comptoir, buvant, jouant aux cartes, fumant, on n'était pas loin de *Germinal* ! J'étais la seule femme. J'ai demandé à la patronne un thé : « On n'est ouvert que depuis six mois, on n'en a pas. » J'ai eu l'impression d'être un extraterrestre. J'aurais demandé de la bière ou un verre de blanc ou de rouge, c'était sans problème, mais du thé, les Parisiennes ont de ces manies !

Il m'est arrivé de croiser des mecs d'une trentaine d'années qui en paraissaient cinquante. Imbibés de bière, ils ne vont jamais au cinéma, ne lisent pas, mais en revanche, lestés de canettes, ils ne manquent pas un match de foot. Ce n'est pas une question de moyens, c'est une question de médiocrité intellectuelle, d'esprit et de cœur. C'est aussi du fatalisme : « Je suis comme ça, je n'y peux rien, je ne sais pas faire autre chose, ça ne sert à rien de se révolter. J'ai payé ma salle à manger à crédit, j'en ai pour dix ans, j'ai bien le droit de m'éclater et de me beurrer la gueule le samedi. Parce que moi, je travaille toute la semaine. » C'est la clientèle des boîtes de nuit du samedi soir qui danse jusqu'à 5 heures du matin, rentre bourrée et qui ne vit que pour cela. Et ça fait peur.

Ce sont les mêmes qui participent aux lancers de nains. Celui qui a eu cette idée devrait être interdit de vie, je lui retire sa carte de respiration.

Ce jeu avilissant a été importé d'Australie par des producteurs ignobles, véreux, contre lesquels je me suis battue il y a environ trois ans, ce qui a donné lieu à une polémique car je disais à l'époque que si on infligeait un tel traitement à un chien, Brigitte Bardot et toutes les associations réagiraient.

Le « jeu » consiste à monter un spectacle dans une boîte de nuit avec quelqu'un de petite taille, volontaire, vêtu d'un costume muni d'une poignée dans le dos. Les différents concurrents doivent le lancer le plus loin possible. Ce sont les jeux du cirque, les gladiateurs. Cela se pratique essentiellement dans le Nord et dans l'Est.

Les journalistes interviewaient des clients :

« Cela ne vous choque pas ?

– Non, c'est très bien.

– Et si c'était votre frère ?

– Oh non, là je ne serais pas d'accord ! »

C'est une réaction identique à celle de ceux qui ne voient pas de drame dans le viol des enfants thaïlandais puisque c'est dans la mentalité du pays, mais qui, et on les comprend, n'admettent pas qu'on viole les leurs ! Grotesque, ridicule et pitoyable, malsain. Il n'y a pas l'ombre d'un exploit sportif dans le fait de prendre un type de 1,10 m et de le balancer à deux mètres, ni rien d'épatant là-dedans.

J'ai essayé avec le secrétariat d'État aux Handicapés de Michel Gillibert de lutter pour faire interdire par décret de tels « amusements ». La grande difficulté résidait dans le fait que le type était volontaire. Patrick Sabatier nous avait réunis, le jeune homme qui « pratiquait » ce sport et moi, sur un plateau de télévision. « Pourquoi ne pas aller plus loin, lui ai-je demandé, et ne pas prendre un gamin paraplégique, aveugle, sourd et muet : ce sera beaucoup plus drôle de lancer un paquet. Nain, c'est un peu court ! »

Ce jeune « lancé » touchait le RMI, soit deux mille cinq cents francs par mois, avant de se prêter à de telles exhibitions. On lui proposait, à raison d'une dizaine de lancers par soirée, de gagner vingt mille francs par mois, la fortune pour lui et la célébrité.

« Tu n'aurais pas eu ce que tu as, m'a-t-il dit au cours de la discussion, tu aurais été bien contente de faire ça.

– Non, jamais.

– Mais propose-moi du boulot, donne-moi un rôle dans tes pièces.

– Pourquoi le ferais-je ? Tu es comédien ? et sous prétexte que tu es petit, pourquoi devrait-on jouer ensemble ? Fais ta vie. »

Nous ne parlions pas le même langage. Pour moi, c'était un problème de dignité et pour lui, on le mettait en valeur, il était une vedette à sa façon. Très fier, il disait : « Je suis heureux, je fais du spectacle. » Ce gamin n'a pas les mêmes données que les miennes, nous avons dix ans de différence et, s'il a la même taille approximativement, il n'a pas eu la chance d'avoir été entouré comme je l'ai été. On ne l'a pas poussé à se surpasser, à grandir intellectuellement et moralement. Il n'a pas eu le réflexe de se dire : « Je vais m'en sortir » puisqu'il ne travaillait pas. Son but était d'arriver à être la vedette de la soirée en boîte, avec des mecs bourrés.

J'ai été très blessée. J'ai l'impression d'un retour au Moyen Age devant de tels agissements. Je ne lui en veux pas s'il s'en sort comme cela ! Il se sent différent, incapable de faire autre chose, convaincu qu'il est d'être rejeté. Il est content d'avoir ça. Il en retire un bien-être, quelque chose qui le flatte, même si c'est atroce. Mais en revanche, que des gens puissent aller en boîte, prendre un gamin, le balancer à deux mètres, applaudir et rire, cela m'écœure et me révolte. C'est le fou du roi, on s'amuse avec lui, on le fait tomber, mais où est l'homme dans tout cela ?

Je suis infiniment triste pour ceux qui viennent voir un tel spectacle. C'est ignoble. Mais si les gens se complaisent là-dedans et que le « lancé » est volontaire, je ne peux pas l'empêcher et je ne m'y opposerai plus.

Ceux qui se livrent à ces pratiques sont racistes, ils voteront sans doute Le Pen, jetteront leur fille dehors si elle est enceinte, la vireront si elle épouse un Noir, et pourtant c'est monsieur-tout-le-monde.

Cette histoire renvoie à l'image du nain telle qu'elle existe dans l'imaginaire collectif : fourbe, méchant, grotesque, difforme. C'est le rôle qu'on leur attribue dans les *Angélique* et ils doivent en être heureux puisqu'ils ne peuvent pas faire autre chose. Je suis effondrée quand je vois ça. Il y a toujours des gens attirés par la difformité, la différence, qui en font une tare et se donnent bonne conscience en disant : « C'est bien pour eux, ils peuvent en vivre. »

Ça m'énerve quand je suis confrontée à des gens qui considèrent que ma position est facile. Je suis connue, je gagne bien ma vie, je n'ai aucun problème d'argent. À cela, je rétorque que cela ne m'est pas tombé tout cuit, que j'ai fait des choix dans ma vie, dans ma carrière et que j'ai pris le chemin qui m'a semblé le plus propre, le plus aéré et le plus ensoleillé parce que je veux pouvoir me regarder en face dans une glace. Si je n'avais pas pu devenir actrice, j'aurais exercé un autre métier et fait en sorte de bien gagner ma vie. Je me serais heurtée à des barrières, mais cela n'aurait pas été grave : on les contourne ou on passe par-dessous. C'est un choix de vie, de respect de soi.

Lui se bat en disant : « Je suis différent et je vais m'en servir », mais dans le mauvais sens. Moi, je me bats en disant : « Nous sommes tous différents. » C'est ce qui nous sépare.

Lors de notre passage à Nancy où nous jouions *Le Gros N'Avion,* j'ai reçu une ou deux lettres d'insultes de gens de la région qui me priaient de me mêler de mes affaires et qui me rappelaient que, sans Bouvard, j'aurais été bien contente de faire la même chose.

Il n'y a pas de fatalité, j'en suis profondément convaincue et j'essaie de ne pas subir. J'ai eu, c'est vrai, la chance de ne pas avoir de gros coups durs. On reçoit tous des éléments à partir desquels on peut faire un chef-d'œuvre ou un bide de sa vie. On frôle le bide parfois parce que les éléments ne sont pas très bons. C'est à l'image d'une recette de cuisine : on peut tous avoir les mêmes ingrédients, certains réussiront un beau soufflé, d'autres cuisineront un plat infâme.

Naître dans la banlieue nord de Paris, avoir douze frères et sœurs, un père au chômage et des copains qui volent des mobylettes ou qui dealent, ne facilite pas les choses. Il faut avoir une sacrée envie de cuisiner pour réaliser un bon plat. Peu importe que les ingrédients soient piqués au départ si le plat est agréable. Mais il faut se bouger le cul pour réussir. On peut avoir tous les ingrédients devant soi, si on ne les mélange pas, la mayonnaise ne prendra pas.

On est responsable de sa vie. On ne peut pas toujours imputer ses échecs aux autres. Certaines difficultés peuvent rendre le défi plus difficile ou retarder la réussite, mais si on veut on peut.

La différence se vit plus difficilement en province. À Paris, les regards sont habitués à croiser des situations ou des êtres divers. Lorsque je me balade, trois ou quatre personnes se retournent, mais les gens sont blasés. Dans un petit bled, quelle que soit votre apparence, courte sur pattes, gigantesque, maigre ou enveloppée, dans un fauteuil..., si votre tête est inconnue, toutes les conversations s'arrêtent et on vous dévisage. Il existe encore une « mentalité de campagne ». Cela n'implique pas forcément le rejet mais plutôt « la petite naine, on l'aime bien. Elle est intégrée, on va lui trouver un boulot. On n'est pas raciste, elle vit normal. » À l'époque de la télévision et du laser, il y a de grandes différences entre celui qui vit au fin fond de la campagne dans un village, qui se couche à 20 heures pour se lever à 5 heures, et celui qui habite en ville. Les préoccupations ne sont pas les mêmes. Les uns travaillent pour vivre et manger. Le mec qui doit cultiver son champ sait qu'une absence d'une semaine lui coûtera sa production et qu'il jeûnera la saison suivante. Il n'a guère le temps d'aller au spectacle ou de regarder la télévision et de se poser des questions métaphysiques. Le citadin qui travaille en usine sait, lui, que son absence ne mettra pas en cause la production. Il perdra peut-être une semaine de salaire mais l'usine tournera. C'est schématique bien sûr, mais c'est réel.

J'essaie pour ma part de ne jamais oublier que la France n'est pas Paris, que la France ne vit pas forcément ce que nous vivons à Paris. Il y a une dizaine d'années, j'ai participé en Alsace au tournage d'un petit film dans une très belle maison qui servait de décors. Les toilettes étaient dans le jardin ! Cela existe encore.

La tournée en province du *Gros N'Avion* a provoqué une sorte de rupture dans ma tête. L'absence, involontaire puisqu'elle était enceinte, d'Isabelle a été une première cassure. J'étais dans une sorte de cocon, tout marchait, ça roulait. J'avais une sécurité amicale, une immense complicité avec Les Filles, des fous rires, une amitié mais je sentais que mon « Olympia », le rêve de mon enfance, s'éloignait. Je voulais être une bête de music-hall et je devenais théâtreuse.

Michel Fugain a été le premier à me dire : « Attention, Mimie, au sein des Filles, tu es en train de t'enliser, tu te planques là. Ce n'est pas ce que tu voulais faire. Tu as plus à donner. » Il adore Isabelle et Michèle, elles n'étaient pas en cause. Il ajoutait : « Tu deviens fonctionnaire. C'est trop facile. Tu sais que tu dois exploser toute seule. Il serait temps que tu en prennes conscience. Repars sur ta route à toi toute seule ! » L'avis de Michel est primordial parce qu'il me connaît par cœur. Il ne m'a pas faite mais il m'a aidée à me faire.

Ce jugement était partagé par mes parents qui voyaient mon but s'éloigner. C'était au printemps 1992.

Ceux qui savent ajoutaient : « Ton Olympia, tu ne vas pas le faire avec une pièce de théâtre, alors tu le fais quand ? à soixante ans ? »

Nous vivions une période transitoire avec Les Filles. Cela faisait cinq ans que nous travaillions ensemble. Nous n'avions pas d'idée de spectacle, comédie ou sketches, on ne savait plus. Je n'avais pas envie de repartir dans une aventure d'écriture qui allait demander un an. On nous avait proposé d'adapter *Le Gros N'Avion* pour le cinéma, mais nous avons abandonné après quelques tentatives, car le résultat n'était pas exaltant et nous trouvions, comme c'est le cas pour *Le Père Noël est une ordure,* que le film n'est jamais à la hauteur du spectacle. Nous étions parties sur d'autres sujets, mais rien de très sérieux car nous étions très prises par la radio.

Nous avions rencontré Yves Mourousi au festival de Cannes, en mai 1992. Qui ne demande rien n'a rien. Je l'avais interrogé tout à trac : « Tu n'as pas besoin d'une émission avec trois filles parce que nous, on est prêtes à en faire une. » La semaine suivante, nous signions dans son bureau à Paris un contrat d'un an avec RMC pour une émission quotidienne d'actualité revue et corrigée, *Y'a que les filles qui m'intéressent,* diffusée en direct de 17 heures à 18 heures.

Yves Mourousi est un homme fabuleux, un mec entier qui nous a ouvert une porte. Il ne nous a pas donné de directives mais des indications : « Allez plutôt dans ce sens et surtout, attention au rythme. C'est plus dur qu'à la télé car vous n'avez pas l'image pour vous rattraper. » Il a mis un studio à notre disposition au mois d'août pour trouver notre style, faire des maquettes avec Cathy Pierre, réalisatrice géniale, et nous entraîner. Nous devions faire vingt-cinq minutes d'animation entre les pubs et les chansons, sans invités. Nous nous sommes réparties les rubriques. Nous lisions toute la presse à partir de 11 heures, tous les matins cinq jours sur sept. J'écrivais aux voyants bidons, je tenais également la rubrique cinéma, je testais les offres de tous genres, « Perdez vingt kilos en trois jours... », rien ne m'échappait. Isabelle, plus intello, s'occupait de littérature et de sujets divers. Quant à Michèle, elle était la « déconneuse ». Nous nous sommes bien amusées pendant un an, jusqu'en juin 1993. Mais nous n'avons pas la prétention d'avoir réalisé une émission inoubliable !

J'étais de plus en plus taraudée par l'idée de monter un spectacle toute seule avec, en revanche, le désir de l'écrire à deux. Je n'avais comme partenaires que mes deux complices à qui je ne pouvais décemment pas demander de participer à l'écriture d'un spectacle dont elles ne seraient pas. J'étais bloquée.

Pierre Palmade et moi nous étions rencontrés quelques années auparavant. Il m'avait fait un appel du pied très gentil à l'époque mais j'étais alors en plein spectacle avec Les Filles. Nous savions l'un et l'autre que nous travaillerions ensemble un jour ou l'autre. Un soir de novembre 1992, j'ai assisté au spectacle qu'il donnait à La Cigale. Et là, j'ai eu le sentiment très fort que s'il acceptait d'être mon partenaire d'écriture, j'étais prête à me lancer.

Je lui ai très vite posé la question. Il n'était pas disponible instantanément car il préparait le spectacle qu'il a joué avec Dominique Lavanant pendant la saison 1993-1994 mais, sur le principe, il m'a donné son accord.

J'ai annoncé tout de suite à Isabelle et à Michèle, parce que je ne voulais pas qu'elles l'apprennent par quelqu'un d'autre que moi, mon intention de travailler dans le sens d'un one-woman show, en insistant sur le fait que c'était un projet à long terme. Il n'était pas question de remettre en cause notre amitié, ni le talent de chacune.

Elles ont été très déçues qu'on ne continue pas la route ensemble. À leurs yeux, nous n'avions pas épuisé nos possibilités, je cassais quelque chose de fort, trop tôt. Je pensais pour ma part que c'était fort mais que l'éloignement ne serait que professionnel. Elles ont vécu cela comme une rupture alors que pour moi, nous prenions trois chemins parallèles qui permettaient de continuer à travailler ensemble, comme le film que nous avions en projet. Tout s'est arrêté parce qu'elles ont répondu : « Tu vas avoir ton spectacle, nous il faut qu'on prépare des choses et on ne peut pas tout faire en même temps. »

Mon départ les a blessées, et moi je l'ai été parce qu'elles n'ont pas compris. Peut-être se sont-elles senties abandonnées. Un solo est sûrement plus facile pour moi, du fait de mon personnage et de ce que je suis depuis dix ans. Mais je suis convaincue de leur réussite ; on se retrouvera ensuite comme trois entités.

Il y a des moments où il faut choisir. On aimerait pouvoir garder le beurre et l'argent du beurre. C'est dur de se heurter à l'impossibilité. Comme m'a dit Isabelle : « Laisse faire le temps. »

Il fallait que chacune trouve son équilibre. Je partais pour le mien, elles devaient retomber sur leurs pieds. Je n'aime pas les cassures et les ruptures. Elles sont parfois nécessaires pour se retrouver dans de meilleures conditions, autant professionnellement qu'amicalement ou amoureusement. Certains nouveaux départs sont plus longs que d'autres. Tout dépend de ce qu'on a mis en jeu.

Nous nous sommes séparées en douceur, en nous disant qu'on laissait à chacune le temps de percer de son côté et que nous nous retrouverions ensuite. Je sais que nous sommes liées par une amitié à vie. Le temps et le succès de chacune nous rapprocheront et nous nous retrouverons.

Elles ont un talent monstrueux. Mais nous ne réussirons pas de la même façon parce que nous n'avons ni les mêmes envies ni les mêmes personnages. Dans cinq ans, j'espère que nous serons Balasko, Anémone et

Lavanant. Il n'y a pas de raison pour que nous ne le soyons pas. Elles me manquent terriblement. À très vite, Les Filles.

En septembre 1993, une boîte de production me contacte. Didier Decoin, à France 2, cherche un sujet actuel de téléfilm avec un personnage comme moi. Je rencontre un des responsables de la boîte qui me parle de son idée : « La cohabitation de deux copines et les problèmes que cela pose. » Il me demande mon avis et me propose de travailler sur ce thème. Ma réponse est immédiate :

« Si vous voulez un sujet réaliste, vous tombez à côté. J'ai partagé des appartements avec plein de copines sans le moindre problème. Ce n'est pas un vrai sujet. Vous mettez en scène deux personnalités qui n'ont rien à voir et qui se détestent mais ce n'est pas lié à mon cas ou à celui d'une personne d'une taille normale. »

Il me suggère de penser à un personnage que j'aurais plaisir à jouer et de le rappeler.

Je réfléchis pendant le week-end et je lui propose la *Nounou* trois jours plus tard. Mon idée est de mettre en scène un personnage sympa qui me permette de m'imposer en douceur. C'est un mélange de *Mary Poppin's,* de *La Mélodie du bonheur* et de *Pretty Woman* puisque cela raconte l'histoire de deux personnes que tout sépare et qui finissent ensemble. J'ai fait un cocktail des films que j'aime bien et je me suis fabriquée un personnage sur mesure. J'avais envie d'aborder mon problème, qui est celui de la différence, et de dire à ceux qui en ont souvent peur ce qu'elle est. Je voulais leur montrer que « la différence n'est pas différente ».

Je propose le synopsis au producteur. Les choses traînent. Et finalement, on me répond que ce n'est pas du tout ce que Didier Decoin recherche. On regrette...

J'abandonne l'idée. Pourtant, comme l'argument me plaît bien, j'en parle à mon agent Gilles Merle qui le trouve bon.

Fin décembre 1992, je rencontre Jean-Pierre Cassel. Il revenait d'un tournage en Pologne où il repartait quelques jours plus tard. Il me dit dans la conversation qu'il avait croisé là-bas Didier Decoin. Je lui parle de mon projet et de son échec. Il s'étonne : « Decoin, c'est un mec sensible, ouvert. Je ne comprends pas que ton sujet ne lui ait pas plu. » Nous en restons là.

Mon agent décide alors de forcer les portes en prenant rendez-vous avec Didier Decoin. Il nous faut attendre début février pour le rencontrer.

Il m'accueille chaleureusement :

« Comment n'ai-je pas pensé à vous appeler directement ? Je vous aime beaucoup. C'est vrai que je cherche un sujet avec un personnage comme vous. Je trouve ça formidable. J'ai envie d'ouvrir un peu les yeux des gens. Malheureusement, on ne m'a proposé que des merdes. Ce sont des histoires de cirque, ou de copines qui cohabitent et qui ont des problèmes. »

Et il tend la main vers une pile de scénarios.

Durant une heure, je lui développe mon idée.

« C'est exactement ce que j'attends depuis un an.

– Mais enfin, vous l'avez eue et vous l'avez refusée, aux dires de la production machin... »

Je lui rapporte la conversation avec mon interlocuteur de la maison, mon refus du scénario proposé, ma suggestion et la remise d'un synopsis.

Il appelle sa secrétaire. Il sort toute la pile de textes, les trie un par un et me dit :

« Voilà, je n'ai jamais eu votre sujet. Si cela avait été le cas, on aurait gagné six mois. »

Le producteur ne l'avait pas transmis. Il n'y avait pas cru.

IX

Nous étions en février 1993. Après notre entretien, j'avais envoyé à Didier Decoin un synopsis de mon idée de téléfilm. Sa réponse a été pratiquement immédiate, il prenait. Il fallait aller vite. France 2 avait l'intention de le programmer pour les fêtes.

Nous avons discuté de la réalisation et de l'écriture. Je voulais travailler avec Éric Civanyan. Il m'avait mise en scène au théâtre, il connaissait bien mes forces et mes faiblesses. Je sentais que c'était un pari et une chance exceptionnelle qui m'était offerte. Je ne voulais pas la laisser passer. Il n'avait encore rien fait pour la télévision mais il rêvait de tourner et de devenir réalisateur. J'avais confiance en lui. Il m'aiderait et moi, j'étais heureuse de lui donner une opportunité.

Nous avions besoin d'une coproduction. Éric apporta les Films du Sabre, qui étaient prêts à prendre le risque de son premier film.

Notre affaire était pratiquement bouclée. Il restait à résoudre le problème d'écriture. Il était exclu que j'écrive seule. L'émission quotidienne *Y'a que les filles qui m'intéressent* que j'animais sur RMC avec Michèle et Isabelle m'accaparait pratiquement à plein temps. L'écriture d'un film n'a rien à voir avec celle d'une pièce de théâtre ou d'un show, et je ne me sentais pas capable de l'assumer seule. En revanche, je voulais bien travailler en collaboration avec quelqu'un. Mais qui ? Je ne connaissais personne.

Éric me présenta à un de ses amis auteur, Laurent Chouchan. Nous nous sommes rencontrés, et nous avons bien accroché. L'écriture a démarré en mars.

Nous avons fait plusieurs moutures à partir de mon idée de base qui était une histoire simple. Une grand-mère cherche une baby-sitter-nounou pour s'occuper de ses deux petits-enfants et tenir la maison de son fils veuf. Julie, une fille jeune, drôle, dynamique, et qui adore les enfants se présente. (À tant faire, autant s'écrire un rôle sympa !) Elle a un seul handicap, sa taille. La grand-mère l'embauche sans avertir son fils du problème. La petite fille s'attache très vite à elle, mais le jeune garçon, Sébastien, a une réaction de rejet qu'elle feint d'ignorer au début, puis qu'elle aborde bille en tête. Lorsque le père rentre de voyage et découvre la nounou, il lui témoigne une froideur absolue. C'est un rejet total. Il ne confiera pas ses enfants à une fille « anormale ». Elle est priée de faire ses valises malgré l'attachement que lui témoignent les enfants. Petit à petit, la situation bascule. Le père se laisse convaincre par sa mère de la garder. Julie tient remarquablement bien la maison mais ne se prive pas de réflexions justes sur le comportement du père qui se laisse prendre par son métier au détriment de l'attention qu'il devrait porter à ses enfants. Furieux, il accepte mal d'être renvoyé à lui-même. La nounou prend une place prépondérante dans la maison. Mais un beau jour, le père revient avec une « collègue » de travail qu'il présente à ses enfants. Julie, amoureuse, pense qu'elle n'a plus rien à faire là. Elle croit qu'il est sur le point de se remarier et il est exclu qu'elle tienne la maison dans ces conditions. Le père découvre alors qu'il est amoureux de la jeune femme. Elle l'est aussi mais sans espoir que cela puisse aboutir. Pourquoi la choisirait-on ? C'est pourtant la fin de la belle histoire. Ils tombent dans les bras l'un de l'autre : elle sur la marche du haut, et lui en contrebas. Tout est bien qui finit bien. Le film s'achève sur un baiser.

Mon premier baiser de cinéma. Trois heures à se rouler des pelles pour une scène de trente secondes à l'écran, on s'en souvient. Le soir, en rentrant après le tournage, on n'a qu'une envie, serrer la main de son mec !

L'histoire met en relief la différence et le rejet qu'elle génère. Pour la première fois, j'abordais ouvertement le problème de ma taille. Jusque-là, les choses avaient bien marché pour moi mais j'avais toujours éludé ce que j'étais. Il y avait bien quelques allusions légères dans tous les spectacles auxquels j'ai participé. J'aime bien casser les choses établies, les facilités et les habitudes. Pourquoi, pendant longtemps, a-t-on forcément donné les rôles de méchants aux Noirs ? Pourquoi ne tenaient-ils jamais les premiers rôles ? Les gens qui font ce métier s'attendent toujours à un pléonasme entre la parole et le physique, comme le rapporte Bruno Gaccio, auteur à succès des « Guignols » et fiancé de Michèle Bernier. Il avait écrit un scénario tout à fait classique dans lequel il y avait un rôle pour un comédien de petite taille. À la lecture, le producteur s'exclame : « On ne voit pas qu'il est nain. Il n'a pas un langage de nain. » Et Bruno de répondre en rigolant : « Mais il n'y a pas un langage de nain. Je connais Mimie depuis dix ans, elle ne passe pas son temps à dire : “Fais-moi la courte échelle” ou “Mon dieu ! que c'est haut”, ou “Tu cours trop vite”. À l'image, on verra bien qu'il est nain. » Malgré l'insistance du producteur, il a refusé de modifier quoi que ce soit. Il est ridicule de parler de quelque chose qui se voit.

J'avais survolé la différence mais je ne l'avais jamais attaquée de front. J'avais envie de régler une fois pour toutes la question pour passer ensuite aux choses sérieuses.

Cette fois-là, on abordait la difficulté non pas à travers moi – dans le film, je suis bien dans ma peau de nounou –, mais au travers du regard des autres et de ce qu'il vous renvoie.

Lorsqu'on a en face de soi quelqu'un qui diffère, on ne sait que faire et quel langage adopter. La peur, la bêtise, la difficulté d'être soi-même sont trois éléments qui entraînent forcément une peur de l'autre. Si moi je ne suis pas bien, pourquoi le serait-il, *a fortiori* s'il a un handicap ? Juger sur l'apparence au lieu de prendre l'autre pour ce qu'il est, c'est la preuve d'un malaise intérieur. Il ne faut pas perdre de temps avec les gens qui tournent le dos, le rejet implique nécessairement, même si on prétend le contraire, que l'on est mal avec soi-même.

Je cite une lettre anonyme que j'ai reçue peu de temps après la diffusion de la *Nounou* : *« Mimie, je regarde la télévision assez souvent. Je trouve que vous en faites un peu trop. Pourquoi ce rire forcé ? En plus dans la rue, vous êtes orgueilleuse, restez plutôt à l'écart de tout ça avec vos centimètres en moins. Vous êtes laide, grosse et même con à la fois. Vous n'avez pas inventé la poudre, loin de là. Stop pour les critiques car il faudrait des pages entières. Allez la naine, à jamais sur notre écran. »*

Me détester à ce point ! C'est vraiment de la haine. Il ne me viendrait pas à l'esprit d'écrire lorsque je n'aime pas quelqu'un ou quelque chose. Là, c'est méchant, c'est moche. Mais le premier choc passé, parce que cela ne laisse pas indifférent de recevoir une telle horreur, j'y vois quelqu'un qui ne se supporte pas parce qu'il ne s'est pas accompli. On peut être jaloux et content mais jaloux et méchant, c'est inévitablement le signe du vide derrière. Cette jalousie-là doit naître d'un manque quelque part, d'une absence de bonheur personnel. On ne peut pas plaire à tout le monde mais que ceux qui n'aiment pas mon physique me foutent la paix et règlent leurs propres problèmes !

J'ai gardé cette lettre. C'est la seule de ce type que j'ai reçue à la suite de la diffusion de la *Nounou.* Les autres sont plutôt encourageantes. Les téléspectateurs ont compris mon message. Accepter la différence, regarder ou écouter quelque chose d'autre que ce qu'on connaît, c'est s'enrichir. On ne va pas recommencer la sélection des grands, blonds aux yeux bleus, vivant pour le même but dans un monde uniforme. Je milite pour cette acceptation qui entraîne forcément le respect des autres, et ouvre sur la possibilité d'une vie en communauté beaucoup plus enrichissante que la vie de ghetto.

L'écriture du scénario achevée, nous avons procédé au casting. J'ai été associée au choix de mes partenaires. Micheline Dax a été sollicitée pour jouer le rôle de la grand-mère. J'ai été très impressionnée par cette rencontre. Je l'avais souvent vue sur scène où elle a joué des rôles très divers, de Feydeau à des auteurs modernes. C'est une femme exceptionnelle, d'une gentillesse et d'une humeur toujours égales, qui raconte son passé, ses souvenirs pour mon plus grand bonheur. C'est une personnalité originale qui a de vraies qualités humaines.

Le rôle masculin attribué, nous avons commencé à répéter les scènes importantes pour gagner du temps au moment du tournage. Une semaine avant le début du tournage, le comédien pressenti a déclaré forfait pour des raisons personnelles. C'est Thierry Heckendorn, un ancien de la deuxième époque de Bouvard que j'avais croisé quelquefois sur des plateaux, qui l'a remplacé. C'était la seule solution. Cela s'est plus que bien passé, et sans doute le hasard a-t-il une fois de plus bien fait les choses. Thierry est une relation professionnelle très sympathique et je suis ravie de retravailler avec lui.

J'étais en cure de thalasso chez mon copain Serge Blanco à Hendaye, en juillet – tout était pratiquement décidé –, lorsque j'ai reçu un appel de Didier Decoin.

« Mimie, il ne reste plus que le choix du metteur en scène. Civanyan n'a encore rien réalisé et c'est un budget énorme qui va reposer sur ses épaules.

– C'est très simple. Sans lui, je ne le fais pas.

– C'est ton premier film. Tu n'en feras pas deux sur ce sujet-là. Le choix t'appartient.

– J'ai vraiment confiance en Éric. Il a été conseiller à l'écriture du scénario. Il me connaît par cœur. Il sait comment travailler avec moi : quand je suis belle, quand je ne le suis pas. Tu vas me coller un routier des séries qui va te faire un truc sans âme et moi je ne serai pas bien.

– OK. »

Et je pensais : « Pourvu que je ne me trompe pas, qu'on ne s'engueule pas pendant le tournage et qu'il ait la même vision du film que la mienne... »

Je réagis sur scène comme dans la vie, je suis très expressive, tout se lit sur mon visage. J'essaie de contrôler, de maîtriser ce que je ressens.

Le travail sur scène et le travail devant une caméra n'ont rien à voir. Sur scène, on bouge, on occupe l'espace. Les jeux de physionomie doivent être vus par les spectateurs des derniers rangs. Devant la caméra, au contraire, il faut jouer sobrement. Les jeux de visage qui passent au théâtre seraient ridicules en gros plan, il faut donc gommer et jouer tout en nuance.

Je craignais de n'être pas une bonne comédienne devant la caméra mais je savais qu'Éric me ferait gommer tous mes tics de scène. On ignorait ce que je donnerai mais je partais en confiance.

Le premier tour de manivelle a été donné le 15 septembre 1993. On a tourné quelques scènes dans Paris, mais comme l'essentiel se déroule en province, Éric avait repéré les lieux les plus sympas autour de Paris, comme l'école de Saint-Maur, pour recomposer les quartiers d'une petite ville. Nous nous sommes installés pendant trois semaines dans une grande maison au Coudray-Monceau, à trente kilomètres de Paris, où on tournait les intérieurs. Nous étions chez nous. Chacun rentrait chez soi le soir, ce qui permettait de tenter d'avoir une vie en dehors des prises de vues. Mais il est très dur de sortir d'un plateau de tournage.

J'essayais en rentrant de regarder les informations, de lire le journal, de me tenir au courant. En fait, le monde peut s'écrouler, il faut finir le film et on ne vit que pour cela. La vie à deux dans ces moments est difficile. Le partenaire doit être capable de comprendre qu'en période de tournage, une barrière sépare le quotidien du rêve. Ce doit être terrible d'enchaîner film sur film comme Depardieu, qui tourne cinq fois par an et quelquefois plus. Cela laisse peu de temps pour le reste. Chacun trouve son évasion comme il peut.

Un tournage est épuisant dans le bon sens du terme, et je comprends aujourd'hui que des comédiens puissent choisir d'habiter à l'hôtel au lieu de rentrer chez eux, en particulier quand on joue un rôle de composition car il faut rester dans son personnage. Je pense à Tom Hanks dans *Philadelphia* qui a dû perdre quinze kilos pendant le tournage pour être dans la peau du personnage en phase terminale du sida. C'est une réelle composition. Il a avoué qu'il avait été ailleurs pendant deux mois. On ne peut pas jouer un malade du sida en phase terminale, rentrer à la maison le soir, faire la bringue et reprendre son rôle le lendemain matin. Il y a un travail physique. Le personnage et le comédien ont une relation fusionnelle. Là, il traitait de la maladie, de la mort, du rejet : des problèmes gravissimes qui imposent une véritable concentration.

En revanche, si on fait du Jean Lefèvre, la concentration est sûrement moindre en dehors des temps de travail, et ça se voit.

Chaque soir, il faut apprendre son texte pour le lendemain. Durant le week-end, j'essayais de dégrossir au maximum mes tranches de la semaine. Je suis peu sortie pendant toute cette période car on venait le plus souvent me chercher à 6 heures du matin pour tourner à 9 heures. Je n'avais pas un rôle de composition car mon personnage était proche de la réalité : Julie revue et corrigée par Mimie, c'était moi.

Mais, en revanche, je comprends qu'on puisse être dévoré par un rôle. Il faut soit se bourrer la gueule le soir pour l'oublier ou bien vivre avec lui. Certains rôles sont d'une telle force, d'une telle profondeur et d'une telle implication physique et morale qu'il est difficile de garder une distance car il faut que ce soit prenant pour être crédible. On doit garder à l'esprit que ce n'est qu'un jeu qui peut marquer plus ou moins, il suffit d'arrêter le jeu. Il ne faut pas se laisser submerger. C'est la vie avant tout qui doit remporter le combat.

Les comédiens américains ont la réputation de s'entraîner. S'ils doivent jouer dans un hôpital psychiatrique, ils y passent trois mois. Mais quand ils doivent jouer un mort, comment font-ils ? Il faut rester crédible. Si le rôle demande des connaissances techniques, il faut les acquérir mais il y a également un travail d'approche réciproque du personnage par le comédien et du comédien par le personnage. Je dirais moitié-moitié. Le texte est très important, mais on le nourrit. J'ai une image du travail de l'acteur par rapport au texte. Ce dernier peut être représenté par une bonbonne que nous devons remplir. Si la bonbonne est belle mais que le comédien n'y met rien, il restera la bonbonne, mais elle sera très légère. Si la bonbonne est laide, elle restera laide malgré la charge intérieure. Un scénario vide reste un scénario vide. On peut avoir un mauvais comédien au service d'un bon texte, c'est exaspérant, mais un bon comédien ne sauvera jamais un film ou une pièce creuse. On dira : « Il s'en est bien sorti ! »

Un très bon acteur a généralement une forte personnalité. Si on prend pour interpréter un personnage un comédien de préférence à un autre, c'est pour qu'il apporte ce qu'il est. Quand on voit Jack Nicholson ou Robert de Niro qui sont des monstres de talent, on les retrouve, eux, derrière chacun de leur rôle avec leurs tics, leur façon de s'exprimer.

Chaque personnage vit à travers la personnalité de chaque comédien. Isabelle Adjani a apporté à Marguerite de Valois, dans *La Reine Margot,* sa part de femme du XXe siècle. Meryl Streep, que j'aime beaucoup, reste Meryl Streep à travers des compositions étonnantes, que ce soit dans *Le Choix de Sophie,* dans *Kramer contre*

Kramer ou dans *Out of Africa.* Elle joue des situations différentes avec sa personnalité. Il y a une osmose parfaite entre le personnage qu'elle joue et ce qu'elle est sans qu'on sache qui domine l'autre et c'est ce qui passe à l'écran. Glenn Close, la vedette de *Liaison fatale* avec Michael Douglas, raconte que pendant un an les gens l'ont insultée dans la rue, l'ont haïe. Ils l'assimilaient au rôle de la femme qui pique le mari d'une autre et qui est prête à tout, y compris à tuer, pour le garder. Cette réaction du public signifie qu'elle est entrée parfaitement dans son personnage et qu'on l'y a identifiée. Il faut vite enchaîner sur autre chose après de telles compositions, sinon on met des années à s'en relever. Depardieu reste Depardieu. Il nourrit ses personnages de sa propre personnalité.

C'est jouissif de jouer ce qu'on n'est pas dans la vie ou ce qu'on n'oserait jamais faire. Cela permet d'être encore plus naturel parce qu'on peut projeter ses fantasmes à travers les rôles. J'espère qu'on me proposera un jour un rôle de femme flic qui tue les méchants à tour de bras, de salope ou de psychopathe allumée. C'est trop tôt ; aujourd'hui, cela casserait mon image. Qui de nous n'a pas rêvé de tuer un jour ? Depardieu dit qu'il n'est pas devenu délinquant parce qu'il a joué ce qui aurait pu être la réalité de sa vie. Ça lui a permis de projeter ses chimères et de ne faire de mal à personne. Personnellement, ce qui m'importe c'est la sincérité. Je ne pourrais pas, et je refuserais, jouer le rôle d'une fille pro-lepeniste, d'une violeuse ou d'une tueuse d'enfants. Ce n'est plus du fantasme pour moi, parce que cela met en cause des faits divers qu'on voit à la télévision, et j'aurais l'impression de les cautionner. Enfin, je ne voudrais pas que les spectateurs puissent faire un amalgame entre le comédien, le rôle et l'être humain. Jean Carmet disait qu'il avait eu beaucoup de problèmes lorsqu'il avait joué *Dupont la joie.* Il refusait de tourner la scène du viol et ce n'est que le dernier jour que le réalisateur l'a convaincu.

Il y a des choses qu'on ne peut pas faire, que je ne pourrais pas cautionner.

L'entourage familial, amical, amoureux est précieux pour se retrouver soi-même, et retomber sur terre après chaque aventure. Si c'est le vide et que le cercle consiste en beaux parleurs qui profitent de votre popularité, on continue à jouer un personnage et à perdre petit à petit ses repères.

J'ai découvert l'ambiance de tournage avec *Une nounou pas comme les autres.* L'équipe forme une grande famille. Éric a organisé un pot avec tout le monde pour fêter la première semaine de tournage. Je l'ai fait la semaine suivante et chacun, à tour de rôle, a pris la relève. C'est devenu une habitude de faire la fête tous ensemble, chaque fin de semaine, au Coudray-Monceau. Les techniciens ont été les plus étonnés de cette atmosphère. J'adore parler avec tout le monde, c'est aussi vrai sur un tournage qu'au théâtre. Il m'est impossible d'envisager de travailler avec des gens pendant un ou deux mois sans connaître leurs prénoms et sans partager quelque chose avec eux. Le deuxième jour, j'avais les noms des techniciens en tête. Je les saluais chaque matin d'un « bonjour Jacky, bonjour Christophe, bonjour Stéphane », contrairement à la majorité des acteurs qui lance un bonjour à la cantonnade. C'est rare que cela leur arrive. Instantanément, l'ambiance change sur le plateau. Un technicien est aussi important pour moi que la vedette. On prévoit habituellement à la cantine plusieurs tables autour desquelles on se regroupe par catégories, les techniciens, les chargés de production de la SFP, la vedette et le producteur. C'est tout juste s'il n'y a pas un menu spécial pour eux. Cette ségrégation, si je peux employer ce terme, m'a sidérée. J'ai décidé de déjeuner chaque jour à une table différente.

J'essaie d'être attentive au bien-être de ceux qui m'entourent. Le premier jour de tournage, il n'était pas prévu de faire manger les figurants avec nous. J'ai connu cela. J'ai été exaspérée de ne pas partager le repas des comédiens : nous faisions le même métier à un niveau différent. Je suis allée voir s'ils avaient ce qu'il fallait – sandwichs, boisson, café – parce que je considère que si j'ai quelque chose, il n'est pas juste que les autres ne l'aient pas. Cela fait beaucoup rire car je suis prête à aller chercher mes journaux, à balayer alors que chacun est à la dévotion de « la vedette ». Comme dit mon producteur : « Tu peux aussi passer l'aspirateur si tu veux avant de partir. » Je ferais selon moi une bonne régisseuse car je me mêle de tout. Pendant le tournage, on me proposait : « Tu veux remplacer la scripte ? » J'étais confuse : « Oh, pardon. » La scripte était morte de rire. Elle n'avait encore jamais travaillé avec une actrice qui lui disait : « L'autre fois, j'ai fait ça et ça. – Je l'ai noté », répondait-elle. Mais elle m'interrogeait quand elle avait un doute pour que je la conforte dans ses impressions.

J'aime cela. J'essaie d'être professionnelle.

Je suis très exigeante, autant pour moi que pour les autres. Dans mon esprit, rien n'est impossible. J'avais un peu tendance à dire : « Tu me fais chier, bouge ton cul et tu y arriveras. » Aujourd'hui, je me tempère. J'ai fait des efforts et je suis plus souple. Je sais que tout le monde n'est pas semblable mais je déteste la mollesse. J'aime que les choses soient réglées parfaitement. Je suis intransigeante. On n'a pas le droit à l'à-peu-près par respect pour le public. Je m'énerve pour une erreur technique. Je commets moi-même des erreurs de texte, mais j'essaie de m'imposer les mêmes règles de rigueur. Soupe au lait, je peux être très sèche verbalement, je le reconnais, mais je suis la première à venir m'excuser dans les minutes qui suivent mon coup de gueule. J'aime ce qui est parfait. J'ai besoin d'être en confiance.

Je veux que les gens soient bien payés et que tout le monde fasse son boulot avec cœur. Je suis cool extérieurement, j'adore faire la fête avec mon équipe, mais si le lendemain, il faut être sur pied à 7 heures, je le serai et j'exige la même chose de tous. Chacun fait ce qu'il veut de son cul et de sa vie, mais on doit pouvoir compter les uns sur les autres. Il faut connaître ses limites : celui qui les ignore est interdit de fête le lendemain.

Je ne laisse jamais les conflits s'envenimer. Je ne supporte pas de garder quelque chose sur la conscience. Je préfère crever les abcès. Je ne compose pas ce qui a du bon et du mauvais parce que parfois les choses pourraient s'arranger toutes seules. Quelque chose ne va pas, on se le dit. J'agis de la même manière dans ma vie privée. Quand tout est mis à plat, on résoud plus facilement les difficultés.

Le tournage s'est achevé mi-octobre.

La séparation de l'équipe est une cassure. On vit dans une famille pendant un mois ou deux : on vient vous chercher, on vous dorlote, on vous maquille, on est sans autre projet pendant tout ce temps. La première semaine, on s'appelle, on se voit. Mais on ne peut pas se contenter de vivre dans le passé. Chacun poursuit sa route dans de nouveaux projets, avec une nouvelle équipe, il part sur un autre tournage. Quand on se revoit, on parle du passé commun. On ne fait plus de projet ensemble. Au bout d'un moment, soit c'est très fort et on continue, soit les relations s'estompent. Pour la *Nounou* numéro 2, on a essayé de reformer la même équipe, comédiens et techniciens. Nous partagions la même envie de nous retrouver, la même joie. Nous nous sommes séparés de nouveau à la fin du tournage. C'est la vie. Avec les gens qu'on connaît sur un lieu de travail, les choses se passent à l'inverse de la vie courante où l'amitié vient en premier et les choses partagées ensuite. C'est une obligation d'être ensemble chaque jour, l'amitié vient en plus. Les engagements sont différents et la vie sépare parce qu'on ne partage que le travail. Ça se passe bien, donc c'est génial et ensuite, la vie reprend son cours. Il faut construire dans le futur.

Un film est un monde à part, on ne vit que pour ça, en dehors de tout le reste.

Durant trois jours, après le tournage, je suis complètement déphasée. Pendant des semaines, on se quittait en prenant rendez-vous pour le lendemain. On vit avec un seul but. Le premier jour, on est content, on pense dormir, c'est génial – on termine généralement crevé –, en fait, on se réveille à la même heure que d'habitude. Pour échapper à une éventuelle déprime, je suis partie à la fin de la *Nounou* numéro 1 pour New York.

Le producteur avait invité deux ou trois journalistes sur le tournage. Mais nous n'intéressions personne. Seul Marc-Olivier Fogiel qui travaille pour Télédimanche sur Canal Plus, avec l'équipe de Michel Denisot, a passé une journée avec nous et nous a proposé de diffuser son enregistrement au moment le plus opportun. Ce fut très sympa. Mais il n'y eut aucune autre couverture médiatique, en dehors de deux ou trois petites annonces dans différents journaux de télé. La machine n'était pas encore en route.

Nous avions le sentiment d'avoir fait du bon travail. Nous étions fiers de notre film. Avec ce téléfilm, j'avais résolu le problème de ceux qui veulent savoir comment je vis, comment je ressens les choses. Lorsque nous abordions dans le scénario le moment où je suis rejetée par le père qui ne veut pas d'une naine pour s'occuper de ses enfants, les producteurs m'avaient confirmé que la peur de se heurter à quelque chose qu'on ne connaît pas était une réalité, y compris pour eux.

Didier Decoin m'avait appelée : « Quoi qu'il se passe, ne t'inquiète pas, je ne regrette pas. Vous avez fait un beau film, c'est une belle histoire. On en prend plein la figure. Nous avons même pleuré alors qu'on en voit dix par jour. C'est bien. Merci. »

C'est lui qui me remerciait.

Le film devait être diffusé pendant les fêtes de fin d'année. La production a décidé de reporter au début de l'année suivante : on risquait de bousiller un bon téléfilm en le passant entre deux émissions paillettes et guirlandes. Ils nous ont programmé pour le 19 janvier 1994.

Trois semaines avant la date prévue, les médias se sont réveillés à la suite des projections privées. Nous avons eu des pages dans tous les journaux de télévision, sauf *Télérama* mais ça ne me bouleversait pas, une page dans *France-Soir,* une demi-page dans *Le Parisien. Le Pèlerin* et *La Vie catholique* ont également fait des papiers. On découvrait enfin que j'étais comédienne.

Etre comique en France, ce n'est pas être comédienne. Il y a un aspect péjoratif dans ce mot qui a une connotation de saltimbanque, d'amuseur. On est « boulanger-comique » ou « plombier-zingueur-comique », on n'est pas comédien. Il y a une négation terrible du travail de comique qui est atterrante. Un très bon exemple en est *Les Visiteurs.* C'est un bon film comique, très bien fait, très correct. Le public suit, c'est donc qu'il aime et qu'il y trouve une qualité. Le film a eu huit nominations aux Césars et il n'a remporté que le meilleur second rôle féminin. Clavier et Jean-Marie Poiré ne se sont pas déplacés et j'aurais fait la même chose à leur place. Les one-man show, qui sont pour la plupart des spectacles comiques, ne sont plus nommés aux Molières. On n'est pas comédien, on est comique. Tant pis pour eux, nous on s'en sort, on a le public !

Il est pourtant dix fois plus difficile de faire rire que de faire pleurer. En cinq minutes, je fais sangloter une salle mais faire naître un rire de qualité n'est pas à la portée de tout le monde. Je peux jouer du Claudel, je serai crédible. Mais je défie bien des comédiennes reconnues de faire un one-woman show drôle et de tenir une salle en haleine pendant deux heures. Ne faut-il pas être comédien pour réaliser une telle performance ? Je mènerai jusqu'au bout la bataille pour cette reconnaissance.

Le producteur François Charlent avait organisé un petit dîner avec Éric, Thierry Heckendorn, le comédien principal, l'auteur et moi le soir de la diffusion.

La direction de la programmation de TF1 s'était un peu inquiétée de la promo faite autour de l'annonce de la diffusion d'*Une nounou pas comme les autres.* La bande-annonce était passée cinquante fois. Bruno Masure, à qui j'avais demandé si je pouvais faire le 20 heures le soir de la programmation, m'interviewait le soir-même. TF1 affichait Richard Gere, les nanas du Lido, Amanda Lear... Ils avaient joué la carte charme pour lancer la nouvelle formule de *Sacrée soirée* de Jean-Pierre Foucault. Nous pensions nous rétamer face à un tel plateau. Nous avons passé la soirée à zapper et la nuit sans dormir. J'avais le sentiment, ce soir du 19 janvier 1994, que mon avenir se jouait.

Une copine de M6 avait demandé qu'on mette les chiffres d'audimat sur son bureau le lendemain matin, dès 8 h 30. Je devais l'appeler à son arrivée.

Je voulais vraiment que ça marche, que ça se sache et que cela m'ouvre des portes. Je voulais, j'ose le dire, niquer tout le monde ! Je ne voulais pas faire « moyen ». J'avais toujours eu du succès mais je n'avais jamais fait de carton. Il me manquait quelque chose. Avec six millions de téléspectateurs, je m'estimerais contente mais si c'était un échec, cela voulait dire tout recommencer, refaire ses preuves.

Réveillée à l'aube, je ne me décidais pas à faire le numéro de ma copine.

À 9 heures, le téléphone sonne.

« Qu'est-ce que tu fais ? Ça fait une demi-heure que j'attends ton appel.

– Ne me dis pas...

– Tu rigoles ? Non seulement tu as écrasé Foucault avec tes 52,7 % mais tu as battu le record d'audience de la chaîne depuis 1989 ! »

Ce fut un moment de bonheur très fort et de grande fierté.

On m'avait fait confiance. C'était la première fois que l'on avait ouvert les portes d'un vrai rôle à quelqu'un de différent, de petit. Et j'avais gagné le pari.

Les gens auront maintenant un autre regard sur la différence, me suis-je dit. Ils cesseront de juger l'extérieur mais ils attacheront de l'importance à la qualité intérieure. Antoine de Caunes, à *Nulle part ailleurs,* a parfaitement compris ce que j'ai voulu faire :

« Tu as joué sur ce que tu es. Tu ne veux pas d'un emploi de naine, mais dans ton premier film tu as joué là-dessus.

– Oui, mais c'est le premier et le dernier dans lequel j'en parle, parce que voir quelqu'un furtivement sur une scène ou pendant une heure et demie à l'écran change le regard. »

Le film, c'était ouvrir une porte sur ce que j'étais, oui je suis petite, oui on peut me rejeter, je suis comme ça effectivement, je suis naine. On va en parler une fois pour toutes et après on n'en parle plus. Et le public s'est dit : « Oh, elle l'a dit ! » Cela mettait en évidence une forme de racisme que chacun pratique sans le savoir. On a tous un racisme devant une différence physique, qu'on se l'avoue ou non. Là, ça titille un peu : « Oui, effectivement, je vais me surveiller maintenant. » La sincérité a été payante dans ce cas-là. Je ne me bats pas pour « ma » différence, mais pour « la » différence. On m'écrit pour me remercier de ce témoignage.

Les enfants m'ont envoyé des lettres touchantes à la suite de la diffusion. Ils aimeraient bien que je sois leur nounou, en particulier une petite fille terminait sa lettre sur ces mots qui m'ont beaucoup émue : *« Je te trouve très belle, même si tu es toute petite. »*

Mais tout n'est pas gagné. Un monsieur âgé de l'entourage d'Éric Civanyan l'a félicité d'avoir fait un très beau film, une belle histoire et d'avoir montrer que « cette petite bonne femme peut vivre une histoire normale... mais le baiser à la fin, c'était indispensable ? Tu n'aurais peut-être pas dû. » Ouverture, oui certes, mais à condition de ne pas déranger.

Jean-Pierre Foucault a été un des premiers à m'appeler pour me féliciter. C'est quelqu'un de gentil et de vraiment sympa.

Le répondeur a croulé sous les messages deux soirs de suite. Tout le monde appelait, les copains, les vrais et les autres, ceux qui rappelaient après dix ans de silence. Ceux avec qui je n'étais pas très liée et qui m'ont dit : « Bravo, on est super-content pour toi, on a vu. » Et aussi certains que je n'avais jamais entendus.

Ce téléfilm n'est pas « le plus beau souvenir de ma vie de comédienne », car chaque spectacle est une aventure fabuleuse et doit devenir un « nouveau » merveilleux souvenir, mais il reste le déclencheur de beaucoup de choses.

Cela fait onze ans que je suis comédienne, mais la *Nounou* m'a ouvert grand les portes. Aujourd'hui, je peux arriver avec des projets, je suis crédible. Je n'ai plus à me battre. On ne reçoit pas Mimie Mathy mais 52,7 % de parts de marché et je m'en sers comme je le dois. Je garde la tête froide. Je fais le tri parmi tous ceux que j'ai vus, qui m'ont parlé ou fait des propositions.

Les magazines ne m'avaient jusque-là jamais prêté attention. Et brusquement, *Paris-Match* me consacre quatre pages, *VSD* fait sa une avec moi... c'est génial, surtout si on garde du recul. Qu'est-ce qui vous a donné l'idée de m'appeler ? C'est sympa. Vous savez, j'aurais eu bien besoin de vous il y a trois ou quatre ans, mais c'est sympa de venir maintenant. Christine Bravo m'a contactée pour remplacer au pied levé un invité qui se décommandait. Cela m'a amusée qu'elle fasse appel à moi. J'aurais accepté avec plaisir, car j'adore cette émission, si je n'avais décidé à l'époque de ne plus faire de télé histoire de préparer la suite.

Je ne voudrais pas paraître prétentieuse. J'ai tout fait pour en arriver là, je me suis accrochée, j'ai tenu bon. Je ne dis pas que j'ai mérité ce qui m'arrive mais, dans un sens, je pense que c'est juste. Je n'ai rien usurpé, je n'ai pris la place de personne. Je n'ai pas fait une performance extraordinaire, je le sais, parce que j'ai joué ce que je suis dans la vie. J'ai été bien dirigée. Éric Civanyan m'a filmée sous les meilleurs angles, je ne suis jamais ridicule. Il a mis en valeur ce que j'avais de fort. Si je ne suis pas sûre d'être jolie, je ne suis pas moche. Je n'ai pas commencé une carrière à la télévision mal habillée, mal coiffée, mal maquillée dans un rôle grotesque. Je crois que j'ai fait une bonne prestation d'actrice, et c'est ce qui m'importe. Je pense que les téléspectateurs l'ont ressenti. Je ne mérite certes pas un oscar, mais je suis fière de ce que j'ai fait.

Le succès s'accompagne de beaucoup de facilités et la popularité de passe-droits. Je veux faire quelque chose, je le fais. J'aurais pu être mise à l'écart, quelqu'un de différent. Je suis différente, en mieux. J'ai un plus alors que j'aurais pu avoir des moins. Je ne suis pas anonyme, je ne suis pas obligée de me cacher, de me taire, de fermer ma gueule. Au contraire, on paie pour entendre ce que j'ai à dire. Je suis dans la vie telle que je suis sur scène et les gens me prennent ainsi. Les concessions que je ne voulais pas faire, je n'ai pas à eu les faire. Dix ans pierre après pierre, mais j'y suis parvenue.

J'aurais en tout état de cause monté le spectacle que je présente aujourd'hui mais on aurait demandé à lire le texte. J'ai eu la confiance du producteur et du directeur de théâtre sans qu'ils aient lu une ligne. J'ai de plus en plus foi en moi, je suis portée par un élan. Ceux qui, en masse, ont aimé la *Nounou,* qui m'ont acceptée, m'ont permis ce décollage. Aujourd'hui, je veux être à la hauteur de ce qu'ils m'ont apporté. Je refuse d'être un feu de paille. J'ai grandi, il faut que ce que je leur donne progresse dans le même sens. Je n'ai pas le droit d'être moyenne, je dois faire un carton. J'ai envie d'être incontournable, que le public considère que j'ai atteint une maturité et qu'il doit suivre tout ce que je fais. Personne ne doit se dire : « On a le temps. » Je voudrais qu'on aime mon spectacle et qu'on soit en attente de la suite : « On l'aime bien, qu'est-ce qu'elle va nous faire ? » J'ai tant de désirs !

Je ne veux pas être décalée par rapport à la vie. Après un succès important, on peut soit se raccrocher à son cercle familial et amical, soit se couper de tout et se laisser attirer par ce qui brille. C'est un choix de vie. On est invité partout du jour au lendemain par des gens inconnus. Chaque soir, il y a une occasion de sortie. Moi, je veux pouvoir continuer à faire mes courses, à aller aux Galeries Lafayette sans garde du corps et pouvoir dîner à la Pizza Pino sur les Champs sans me faire interpeller, comme cela est arrivé à vous savez qui... Grandir doucement est le gage de ne pas perdre de vue ceux qui ont été au départ de l'aventure et qui vous aident à garder la tête froide et les pieds par terre. En ce sens, ma deuxième famille, les Fugain, les Chêne et les autres, est hyper-importante. Nous avons tous besoin de cette soupape d'amitié, de rapports vrais, désintéressés qui permettent de garder de l'humour et de vivre au second degré sans se prendre au sérieux.

Je voudrais, en revanche, un public qui me soit fidèle, qui me suive. J'ai besoin d'amour et la meilleure marque d'amitié qu'il pourra me donner, c'est de venir me voir tant que je serai sur scène.

J'ai mis dix ans à parvenir là où je suis et je rêve d'être tranquille un petit moment. Je sais que c'est absurde parce que rien n'est jamais acquis et que j'ai choisi le métier par excellence dans lequel on n'est jamais « installé », qui représente tout sauf la sécurité.

Le public a toujours l'impression qu'un ou une comédienne vit sur un nuage. Une actrice sublime comme

Jeanne Moreau disait, avant qu'elle revienne avec *La Servante Zerline,* qu'elle n'avait pas entendu son téléphone sonner pendant cinq ans. Elle ajoutait qu'alors elle n'intéressait personne parce qu'elle ne faisait pas d'entrées au cinéma.

C'est terrible de ne plus avoir les moyens de rencontrer le public, qui lui ne sait rien, parce que les décideurs ne misent plus sur vous. Il suffit de faire un bide et vous devez de nouveau faire vos preuves. Combien de chanteurs, qui ont écrit et interprété des tubes diffusés dans le monde entier, se bagarrent depuis quelques années pour revenir sur le devant de la scène. Ils sont moins bien mis en place. Le public ne suit plus. Les disques ne marchent pas, ils font donc moins de télé. C'est un cercle vicieux.

Certains triomphent sur scène et se plantent à l'écran. Pourquoi Boujenah fait-il un malheur sur scène et pourquoi le public ne le suit-il pas dans *Le Nombril du monde* où il était formidable ? Qui est responsable ? Lui ? le rôle ? le public ?

Il est facile d'analyser une situation *a posteriori* mais beaucoup plus difficile d'avoir un jugement *a priori.* Il faut être entouré de gens compétents et en qui on peut avoir une réelle confiance. En ce qui me concerne, c'est le type de relation que j'entretiens avec mon agent Gilles Merle et mon producteur Jean-Claude Camus. La décision finale m'appartient, mais nous discutons des propositions et je leur demande des conseils.

Je souhaite que des metteurs en scène m'étonnent et qu'ils me proposent des choses totalement différentes de ce que je peux créer toute seule, ou avec mes partenaires habituels. J'aimerais que quelqu'un ait une idée complètement inattendue. Un rôle de salope, par exemple. Mais comme je viens seulement d'arriver dans le cinéma, on ne peut pas casser immédiatement l'image. J'attends le type qui me dira : « Tu es la meilleure amie, tendre, drôle, lugubre, dramatique de Michael Douglas. » J'aimerais aussi jouer quelqu'un mal dans sa peau.

Le directeur du théâtre Tristan-Bernard m'a adressé un texte il y a quelques mois. C'est une pièce de Victor Haïm à un personnage. Une nana sur scène tape un texte devant un cercueil ouvert... C'est très beau mais j'ai pensé que je n'aurais jamais envie ni de le jouer, ni d'aller le voir. J'ai été très heureuse parce que ce n'est pas du tout mon personnage. Je leur ai demandé ce qui les avait incités à me proposer le rôle, et ils m'ont répondu : « Justement, on vous a vue en comédienne. » Mais ce n'est pas ce que j'ai envie de faire.

J'ai été sollicitée pour jouer l'adaptation cinématographique de *La Naine,* de Pierre Magnan. « Ce serait bien pour vous », m'a dit mon interlocuteur. Je l'avais lu il y a douze ans. L'histoire se déroule en 1920, c'est une autre époque, une mentalité différente. J'ai dit non ! Le problème n'est pas le personnage paumé et négatif, je ne refuse pas de jouer un tel rôle, mais on tombe là dans le sordide, la tristesse et le lugubre. J'essaie de me mettre dans la peau du public : « Est-ce que je ferais la démarche de voir ça, qu'est-ce que cela m'apporterait ? » Comme spectatrice, je suis sûre de ne pas aller voir le film. Il faudra beaucoup d'imagination, en tout état de cause, car elle mesure 0,80 m et elle est moche. Entre 0,80 m et 1,30 m, il y a une sacrée différence. Il n'y a rien de positif dans ce livre. Il ne m'intéresse pas. L'autre raison pour laquelle je n'ai pas accepté *La Naine* est que j'aurais l'impression de revenir dix ans en arrière. « Bon, je vais jouer ça et après on leur prouvera autre chose. » Comment voulez-vous prouver quoi que ce soit en jouant un rôle qui va exactement dans le sens de l'imagerie populaire à l'encontre des gens de petite taille et dire ensuite : « Non, ce n'est pas ça, vous vous trompez. » La réponse vraisemblable sera : « Oui, mais c'est bien, vous l'avez bien joué. C'est un rôle pour vous, ça. »

C'est formidable aujourd'hui pour moi de pouvoir faire passer ce que je veux et de dire : « Je suis comme ça et je vous emmerde », je suis là. On aurait pu avoir sur moi ce regard qui se transmet depuis des siècles sur les gens de petite taille. J'ai voulu démontrer qu'on se trompe et me battre contre cette forme de racisme. En revanche, je ne dirai jamais que les gens comme moi sont tous épatants et qu'ils valent le détour. Il y a de tout partout. Sur dix mille comédiens, une centaine seulement perce, mais – il y a des injustices bien sûr – ceux qui réussissent, c'est quand même qu'ils ont quelque chose dans les tripes. Pourquoi y aura-t-il toujours des ouvriers et toujours des patrons ? Il n'y a rien d'acquis, on peut naître ouvrier et terminer patron, et inversement. C'est une question de couilles, une histoire de tripes. Je ne me fais pas le porte-parole des gens de petite taille, mais de tous ceux qui en veulent.

Une réflexion de Philippe de Broca, un monsieur délicieux, d'un grand talent et pétri d'humour, que j'ai la chance de connaître un peu, m'a fait toucher du doigt que les cinéastes de sa génération gardaient encore les vieux réflexes et qu'ils n'étaient pas prêts à tout casser du jour au lendemain.

« C'est bien, ta *Nounou.* J'ai adoré. Ce n'était pas évident. Mais le mec, il est con d'être comme ça dans le film. Moi, quelqu'un comme lui, je le vire. Je ne comprends pas que tu tombes amoureuse de lui parce qu'il n'y a aucune honte à tomber amoureux de toi. » Et il ajoute : « Au cinéma, tu comptes faire quoi ?

– Tu entends ce que tu dis ? Mais moi, je peux tenir n'importe quel rôle. Je peux jouer la copine, la femme, la méchante, la gentille, ce qu'on veut. Pourquoi la meilleure amie de Catherine Deneuve serait-elle forcément grande et brune ? Elle peut être petite et blonde, quelle importance ? »

J'arrive petit à petit à faire passer cette idée. Ce sera peut-être long pour le cinéma mais un premier essai déclenchera les autres. Certains commencent à avoir des idées pour moi. Ce sont les réalisateurs de la jeune génération entre trente-cinq et quarante ans. Au festival de cinéma de Gérardmer, certains m'ont vu vivre. Cette semaine a donné lieu à deux projets, l'un américain, l'autre français, sans que j'aie moi-même proposé quoi que ce soit.

Etre comédien, au théâtre, au cinéma ou à la télévision, c'est être face à un public. C'est prendre le risque du public. Ceux qui prétendent y être indifférent feraient mieux de pratiquer un autre métier. On n'embrasse pas cette profession pour l'exercer chez soi. On démarre tous avec l'idée de devenir connu, de choisir ses rôles, et d'être le premier à qui on proposera les rôles les plus intéressants. Il arrive que l'amertume survienne si la réussite n'est pas au rendez-vous et qu'on prétende alors se moquer du public.

Pour un comédien, le public est la gratification de ce qu'il fait. C'est la différence entre celui qui repeint son appartement et celui qui expose ses toiles. C'est le mec qui fait rire à la fin d'un banquet et qui ne fera rire personne sur scène. Le public est un salaire, dans les deux sens du terme et sans jeu de mots. Au sens primaire, il paie pour venir vous voir. Mais quand j'écris avec Les Filles ou avec Pierre Palmade, chacun est le public de l'autre. On se fait rire, ou on décrète que ce qu'on fait n'est pas bon. Parfois, on rit parce qu'on n'est pas sur la même longueur d'ondes : « On va prendre quelqu'un qui va expliquer parce que aujourd'hui tu ne comprends rien à ce que je dis », commente Pierre. Il y a un auditoire.

Aujourd'hui, en cette fin d'été 1994, je suis en manque de public, en manque de contacts, en manque de réactions peut-être, pour parler plus justement. Cela va faire un an que je travaille mon prochain spectacle qui verra le jour le 8 novembre, et c'est demain. Parfois, je me dis que je suis folle. Je suis bien installée avec la *Nounou,* nous avons tourné le numéro 2, alors pourquoi se remettre en cause sur une scène ? La scène est un piège monstrueux, mais c'est un défi formidable qui me fait vibrer. Il n'y a pas deux soirs qui se ressemblent.

Beaucoup d'acteurs de cinéma ne seraient pas capables de tenir sur scène, alors que l'inverse est plus vrai. L'acteur de théâtre se remet en question tous les soirs. Il n'est jamais le même d'un soir à l'autre et le public n'est pas non plus le même. Il y a des publics respectueux et attentifs, il y a le public du samedi soir qui commente à voix haute de telle sorte qu'on est parfois obligé de dire : « C'est nous qui sommes sur scène. Arrêtez, on n'entend que vous ! » Rien n'est jamais acquis. Il faut à chaque représentation convaincre. Il faut également tenir une condition physique de longs mois et avoir une voix qui porte. L'acteur de cinéma recommence plusieurs fois la même prise jusqu'à ce que le metteur en scène soit satisfait et la meilleure sera retenue. Une fois la prise achevée, on vous dorlote, on vous apporte à boire, on vous remaquille et on attend la scène suivante.

La grande inconnue, et c'est ce qui me fait baliser comme une malade – j'en rêve parfois la nuit quand je commence à y penser –, c'est la première confrontation avec le public. C'est fait, je vous le montre, voici l'enfant. Et la réaction : « Il est moche, drôle, bien... » Il faut être taré pour prendre de tels risques. La dose d'adrénaline qu'on produit ce jour-là est plus forte que celle produite par n'importe quelle peur. Avant une première, je suis décomposée. À partir du moment où le spectacle roule, on entend les premières réactions, on retrouve ses marques, ses repères, je dirais presque ses sécurités. On construit avec le public, une confiance s'instaure, on ouvre les bras petit à petit.

Cela peut être aussi l'inverse, le bide total. On attend quelque chose et le public ne réagit pas. Il n'entre pas dans le spectacle. C'est arrivé à certains. J'ai eu la chance jusqu'à aujourd'hui de ne pas connaître ce ratage.

Cette peur, même si on est un routier du spectacle, ne disparaît pas.

Aujourd'hui, je bénéficie d'une cote d'amour. Je ne suis pas anonyme. Les gens ne vont pas payer pour me siffler. Ils ne viendront pas non plus, comme ils ont pu le faire pour les premiers spectacles, en curieux : « Qu'est-ce qu'elle peut nous faire la petite ? » Ils viennent voir Mimie Mathy. Ils me connaissent, cela veut donc dire qu'il y a un désir. J'entrerai en scène en sachant que les spectateurs m'aiment, ou alors ce sont des masos, mais c'est rare, qui viennent passer une soirée avec moi alors qu'ils me détestent. Je viens avec confiance. Je n'ai plus besoin aujourd'hui de faire deux ou trois allusions à ma taille, un seul sketch l'aborde d'une manière détournée. Je travaille comme une folle. Je veux que le public en prenne plein les yeux et les oreilles, je veux, en l'absence de décors, de la magie à travers les éclairages. Il faut que ça bouge. Je ne veux pas faire un récital Mimie Mathy mais une véritable performance. J'ai un critère : « Est-ce que moi, comme spectatrice, je voudrais le voir ? » Il faut que j'apporte à mon public un beau gâteau, bon de surcroît. La *Nounou* m'a fait faire un bond en avant fabuleux, la rançon est une peur monumentale. Je ne peux pas et je ne veux pas le décevoir, ou je le perdrai. Il faut sans cesse se renouveler. Le public se lasse, de nouvelles têtes arrivent, il faut rester à la hauteur des espérances et ne pas cesser de surprendre, c'est une gageure.

Il faut affronter les critiques. Lors de la première d'un spectacle, on mélange toujours amis, famille, critiques et public. Personnellement, je préfère que les journalistes et les comédiens qui ne sont pas de mes amis viennent quand le spectacle a pris ses marques, après une dizaine de représentations.

Certains critiques sont remarquables, d'autres ne tiennent aucun compte des réactions du public. On a vu rire certains journalistes, on a pu avoir avec eux un entretien chaleureux et être démolis par les mêmes dans leur article. Pour beaucoup, le rire est vulgaire et commercial, il est donc de bon ton de descendre un spectacle même s'il a la faveur du public, alors qu'on encensera une pièce qui regroupe trois payants dont un sur deux dort et qui emmerde tout le monde. Il y a ceux qui ne viennent pas et qui font écrire le papier par un autre, ou qui font un joyeux mélange d'un ensemble de papiers. C'est ce qu'avait fait un journaliste du *Matin* pour *Mimie en quête d'hauteur.* « Mimie nous parle de ses problèmes, c'est triste, elle tire sur la corde sensible... » J'avais bondi. Le journaliste interrogé a avoué qu'il n'était pas venu. Il avait sorti le papier de son imagination. Ce jour-là, nous avons exigé que le journal envoie un autre journaliste et qu'il repasse un papier. Ce n'est plus un vrai métier, à de rares exceptions près. Il est souvent exercé par des comédiens aigris qui se contentent de descendre en flammes le travail d'une année. On peut être objectif, écrire qu'on n'aime pas mais que la salle rit, qu'il y a de beaux décors, que les répliques fusent... Il faut parler de ce qu'on voit. On ne démolit pas un spectacle de deux heures en trois lignes. *Télérama* n'a jamais rempli ou vidé une salle. Le public en tient de moins en moins compte, et c'est tant mieux.

Jean-Jacques Goldman, que la critique a toujours descendu, a pris une initiative qui m'a fait hurler de rire après un de ses spectacles où il avait battu le record de spectateurs. Sur une pleine page de *Libé* ainsi que dans d'autres journaux, il a remercié son public : *« Merci au public d'être venu »,* il passait les critiques les plus dures, et il ajoutait : *« Merci d'avoir jugé par vous-mêmes. »*

Les journalistes en province, moins blasés que les Parisiens, sont beaucoup plus agréables. On les rencontre, on fait des interviews, ils assistent à la représentation. L'accueil est formidable. Et cela ne veut pas dire qu'ils adhèrent chaque fois au spectacle.

La publicité d'un spectacle démarre souvent par un affichage d'une semaine, quatre ou cinq mois avant la date prévue de la première. Ça permet de tester les réactions. On concentre ensuite tout sur les quinze jours qui précèdent et le mois qui suit. Les locations à l'avance, les réservations des comités d'entreprises – deux mille comités ont été informés de mon spectacle –, des groupes donnent une idée de l'accroche. C'est souvent grâce à eux que l'on tient.

La promo est importante. Faire un bon 20 heures, un Drucker, un Dechavanne, *Nulle part ailleurs,* si le spectacle est bon et que le bouche à oreille fonctionne, assure le succès. Quinze jours après la première, on sait si la réussite est là.

Je sais que la promotion sera à la hauteur. Saurai-je, moi, ne pas décevoir ? Surtout que je voudrais profiter de ce spectacle pour réaliser mon rêve... après la tournée, terminer sur une ou plusieurs représentations à l'Olympia...

X

J'ai prouvé que je pouvais réussir ma vie sur le plan amical, social et professionnel. Je ressens aujourd'hui le besoin de me reposer sur une épaule, de faire une vraie rencontre. Je voudrais donner l'amour, la tendresse, l'humour, ma force et ma fragilité, un bébé à celui qui me dirait : « J'ai envie de vivre avec toi, j'ai envie de bâtir quelque chose avec toi, tu es la femme de ma vie. »

Je voudrais me marier en longue robe blanche à l'église. Je veux remonter la nef au bras de papa au son des grandes orgues jouant la *Marche nuptiale.* Toute la famille sera là rassemblée, les copains, ceux que j'aime. Ensuite, ce sera la fête.

Le succès de la *Nounou* a entraîné tant de changements dans ma vie professionnelle, m'a laissé si peu de disponibilités pour ma vie privée que cela fait quelques mois que je ne suis pas tombée amoureuse. Je ne suis pas en manque à proprement parler mais j'ai envie de vibrer de nouveau, d'avoir le cœur qui bat quand le téléphone sonne, de me dire : « Est-ce que je "le" verrai demain ? » Pour moi, aimer c'est vibrer. C'est avoir le cœur qui bat la chamade quand on a celui qu'on aime en face de soi.

Le doute ne m'effleure pas sur scène mais il m'habite dans ma vie sentimentale. Chaque fois que je suis amoureuse – ce n'est pas si fréquent –, je le suis totalement, prête à tout donner, à dévoiler cette fragilité.

J'ai toujours organisé des fêtes surprises pour tous ceux que j'aime, la famille, les copains. J'adorerais que l'homme de ma vie m'en organise. Deux m'ont particulièrement touchée : maman et ma sœur ont sonné à ma porte le jour du premier anniversaire de la mort d'Yvan. Ce fut un grand moment d'émotion. Elles avaient pensé que je n'aimerais pas être seule et elles sont venues de Lyon passer le week-end avec moi. L'autre a été l'émission *C'est votre vie* de Frédéric Mitterrand. Que tant de gens aient pris la peine de se réunir pour préparer cette soirée m'a émue au-delà des mots. Je ne m'y attendais pas et je ne pensais pas que l'on pouvait prendre du temps pour moi.

Aujourd'hui, j'attends d'un homme qu'il me surprenne, qu'il prenne des initiatives, qu'il ait un brin de folie : « Fais ta valise, je t'emmène, c'est une surprise » et si c'est un week-end à La Garenne-Bezons, parce qu'il y aurait déniché une petite auberge sympa, je serais transportée de bonheur. Je n'aime pas ce qui est banal, le quotidien. J'aurais beaucoup de mal – peut-être est-ce parce que je ne l'ai pas rencontré ? – à rentrer tous les soirs à la même heure, à trouver le même bonhomme en face de moi, à repasser les chemises et à parler de détails matériels. Je ne supporterais pas quelqu'un qui n'existerait que par mon regard. J'ai besoin d'un rapport de force. Le rêve est d'avoir un compagnon qui vit une passion, un métier. Je ne suis pas sûre que je tomberais amoureuse de mon plombier, mais s'il mène son entreprise et s'il vit quelque chose de très fort à ce niveau-là, pourquoi pas ? Je partagerais la vie d'un médecin engagé dans Médecins du monde, d'un homme d'affaires qui voyagerait, j'hésiterais avec un marin au long cours, il faut se croiser plus de deux fois par an, mais je m'ennuierais terriblement avec un homme qui ferait ses 8 heures-18 heures quotidiennement. La perspective de n'avoir pas une vie programmée, c'est aussi pouvoir garder un brin de liberté. Les séparations sont stimulantes pour un couple et elles n'impliquent pas pour autant l'infidélité. Vivre avec un artiste est sûrement quelque chose de difficile. Il y a un esprit artiste, une façon de prendre les choses comme elles viennent, de vivre un peu au hasard, de ne pas avoir d'horaires fixes, sauf quand on travaille. Si je joue tous les soirs et que mon fiancé se couche à 20 heures parce qu'il doit se lever tôt, on ne se parlera jamais. Il faut pouvoir comprendre qu'une actrice (ou acteur) se lève à midi quand elle joue, qu'il y a une tension nerveuse terrible sur scène qui ne vous rend pas forcément disponible pour l'autre, et cela peut être difficile à admettre pour le partenaire s'il n'est pas du métier. Il faut trouver une sorte de concordance, d'harmonie dans le rythme de vie.

Aimer c'est partager, participer, respecter la liberté de celui ou de celle qu'on aime. Les relations fusionnelles portent en germe l'échec d'un couple. On ne vit pas dans le regard de l'autre. Il faut exister par soi-même tout en partageant, mais avoir une vie à soi, des envies. On s'est bâti des vies avant de se trouver, en particulier quand on se rencontre à un âge qui n'est plus l'adolescence. On ne peut pas avoir les mêmes passions. Il est absurde de renoncer à faire ce qu'on aime. J'ai volontiers assisté à un match de foot une fois par amour alors que cela ne m'intéresse pas du tout, mais j'ai profité des matchs suivants pour aller au ciné avec des copines, pour rencontrer un ami. Nous continuons, une de mes copines mariée et moi, à nous faire des dîners de filles. La réciproque est vraie pour le mec. C'est essentiel pour garder un équilibre. On prend un risque à vivre uniquement dans les activités de l'autre, dans son monde. Il est mortel pour un couple que l'un continue à avoir des passions et à les vivre et culpabilise parce qu'il laisse derrière lui l'autre qui a renoncé à être « par amour ». Chacun doit conserver sa propre identité.

Maman est d'une génération qui a tout bâti sur le couple. Elle ne vit qu'en fonction de papa et elle est parfaitement heureuse. Je refuse ce schéma. Je ne m'effacerais jamais devant quelqu'un, je ne veux pas dépendre mais je n'accepterais pas la situation inverse non plus. Il ne s'agit pas d'avoir deux mondes et de construire une barrière entre eux. La liberté ne veut pas dire tromper, mais simplement se réserver des plages à soi pour pouvoir les partager ensuite. Tout le monde ne peut pas avoir la pêche et envie de vivre sa propre vie comme je vis la mienne.

Il ne faut pas essayer de changer quelqu'un. Le secret de la réussite dans un couple est peut-être de se voir et de s'accepter chacun comme on est. Il peut y avoir une évolution des comportements dans un sens positif. Il faut éviter la routine, attiser le feu de l'amour, continuer à se surprendre, à désirer et à se faire désirer. La relation physique avec le partenaire est primordiale, elle doit évoluer et se transformer. L'amour se témoigne. Je suis très démonstrative. J'ai besoin de tenir la main, de faire des bisous. Je suis toujours terriblement choquée de voir certains de mes copains en couple qui se font la bise. Un mec qui n'embrasse pas sa femme sur la bouche m'atterre. Je disais à une de mes copines qui faisait la bise à son mec : « Mais vous êtes ensemble, vous êtes frangin frangine, vous êtes quoi ? » La tendresse est quelque chose de très important pour moi. Il faut la montrer. Elle passe par le côté tactile, les gestes et les mots, sans doute en réaction contre l'attitude de mes parents, qui, comme tous ceux de leur génération, sont réservés. Un de mes oncles et sa femme que j'adore se tiennent toujours par la main, et se bisouillent sans cesse après trente ans de mariage. C'est un témoignage fabuleux.

Tout commence le lendemain du mariage. Pourquoi passer son temps, avant d'être casées, à se bichonner pour un premier rendez-vous et puis après, fini ! Ce comportement correspond bien à l'idée, qui a encore cours : « C'est fait, nous sommes mariés, je suis à toi, tu es à moi, on ne se force plus. » Les couples qui se laissent aller, les femmes qui se transforment en mémères, grossissent, ne se maquillent plus, enfilent leurs pantoufles et s'enduisent le visage de crème le soir... ce n'est pas qu'une image d'Épinal. Quand on regarde certaines photos de mariage dix ans après, c'est effondrant. Je ne comprends pas les nanas de mon âge, celles qui ont eu trois ou quatre gosses, ont pris vingt kilos, du ventre, les cheveux gras, fagotées parce qu'elles ne savent pas s'habiller. On peut prendre du poids, mais le charme n'est pas une question de poids, c'est savoir s'arranger, être mignonne. Le boudin mal habillé, pour moi, c'est l'horreur ! C'est plus agréable de s'habiller chez Yves Saint-Laurent – la qualité est meilleure – que chez Tati, mais être coquette et bien habillée, c'est toujours possible. Il faut garder sa féminité. Il faut conserver un mystère. Si je me fais les ongles ou un masque, ce n'est pas devant mon mec. Je profite de son absence. Il ne s'agit pas non plus d'être sur son trente et un en permanence. Il faut montrer les faiblesses de la vie de tous les jours. Mais ce doit être un jeu et non une chose établie. Gare aux habitudes...

J'en ai autant au service des hommes ! Un mec qui prend du ventre – un petit bidon, je trouve ça mignon et moi qui suis ronde aussi, ça me séduit plutôt –, qui se laisse aller, qui pète, qui rote, je ne supporte pas. Les hommes négligés, dont les chemises ne ferment plus, qui ont les cheveux gras et des pellicules, qui portent des pyjamas ne sont pas plus séduisants. Pyjama, peignoir, pantoufles, mules, c'est la mort d'un couple. Je ne pourrais pas être avec un homme qui dormirait en pyjama. Si mon mec en met un, je me casse et le jour où il amènera ses charentaises en prime, au secours !

Le laisser-aller physique correspond bien souvent à un délabrement moral intérieur. Il faut continuer à se ressembler, ne pas baisser les bras. On n'est pas à vingt ans comme à trente ans ou cinquante ans mais pourquoi accepter d'être moins bien, renoncer à son pouvoir de séduction ? « J'ai un mec, ça n'a pas d'importance, il n'y a pas de problèmes. » Ce mec va voir passer une petite gonzesse... et il en est de même des femmes bien que le schéma mec-nana soit plus fréquent. Il y a des choses qui se partagent et d'autres qui ne le doivent pas. Chacun a placé l'autre sur un piédestal, mais au fur et à mesure des années, il ne doit pas s'effondrer. Si on est ensemble, c'est qu'on partage quelque chose et il faut tout faire pour préserver l'attirance. Il est nécessaire de se garder des week-ends à deux, de s'épater, se faire des surprises. C'est hyper-important. Il n'y a rien de plus chiant que la routine, je ne l'ai pas voulue dans ma vie professionnelle, je ne l'accepterai pas dans ma vie privée. J'arrête là, on dirait la baronne de Rothschild !

Rien n'est jamais acquis. Je crois sincèrement que tout se mérite.

Les Fugain sont pour moi l'image d'un couple arrivé à maturité. Ils n'ont pas passé vingt ans à se regarder dans les yeux, mais lorsque je les vois, il me donne chaque fois l'impression d'avoir six mois de mariage derrière eux. Ils n'ont pas choisi un bonheur égoïste puisqu'il vienne de faire un troisième enfant après vingt ans de mariage. C'est un bonheur partagé. Les bas qu'on connaît ne sont rien au regard des hauts qu'on peut vivre. Quand cela vaut le coup, il ne faut pas hésiter à utiliser la gomme à mauvais souvenirs.

J'ai eu deux époques dans ma vie sentimentale. J'étais beaucoup plus équilibrée sentimentalement durant la première, avant 1982, qui a précédé la période Bouvard. C'est peut-être dû au choix des gens que je rencontre et pour qui je craque. Ils ne sont sans doute pas les bons...

J'avais alors un côté « fragile » qui n'était pas dissimulé par la popularité. À treize ou quatorze ans, je rêvais de rouler une pelle sous un porche mais j'étais la grande amie, j'ai sauté le stade de la petite amie. J'ai découvert à vingt ans tout ensemble, les baisers et la réalité physique de l'amour. Les hommes qui craquaient pour moi pouvaient donner libre cours à leur côté protecteur qui s'installait dans la relation. Je n'avais pas alors l'assurance que j'ai acquise socialement.

Je suis à la recherche d'un protecteur, d'un homme fort. C'est tout à fait ambigu et cela peut sembler démodé à notre époque. Dans mon esprit, ce n'est pas forcément quelqu'un qui décide, car je suis une assez bonne décideuse également. Je n'ai jamais aimé les rapports simples parce que j'aime aussi le pouvoir et je ne suis pas prête à me laisser emmener n'importe où. J'ai besoin d'un rapport de force, j'ai besoin de m'angoisser et je ne suis jamais plus stimulée que quand l'homme que j'aime ne m'a pas appelée alors que c'était convenu. Il faut me tenir en haleine. Je suis plutôt gâtée à ce niveau-là !

Ce qui m'attire chez un homme, c'est l'humour et qu'il soit un « mec ». J'aime le côté rassurant que peut apporter un mec, encore que je ne sois pas toujours allée vers des hommes de cette sorte. J'aime les vrais hommes, droits, et cette image me vient sans doute de celle que m'a donnée papa. C'est mon absolu bien sûr et je l'ai parfois rencontré.

Lorsque j'ai acquis une certaine notoriété, j'ai eu tendance, et j'en suis consciente, à aller vers des gens plus faibles qui n'avaient pas ma force de caractère, pas ma volonté et pour qui néanmoins je craquais. Quand je parle de gens « faibles », ce ne sont pas leurs qualités qui sont en cause mais le fait qu'ils ne pouvaient pas m'apporter ce que j'attends d'un homme. Je ne pense pas être tombée volontairement amoureuse d'hommes emmêlés dans des situations compliquées pour empêcher que les choses se concrétisent durablement. Ce n'est sans doute pourtant pas un hasard si j'ai choisi des hommes qui n'étaient pas simples, souvent mariés, mais bien plutôt que je n'étais pas prête aux sacrifices, comme la liberté de partir seule quelques jours ou les dîners qu'on organise à l'improviste avec les copines, qu'imposent la vie à deux.

Les hommes se prouvent quelque chose par leurs aventures. Une double vie ne les gêne pas : ils peuvent être sincères dans les deux. Tous les hommes mariés qui cavalent tombent amoureux un jour ou l'autre, mais le plateau de la balance penche régulièrement en faveur de la femme et des enfants. Très rares sont ceux qui quittent leur femme et divorcent. Ils ont besoin de leur sécurité affective, des enfants. En outre, ce ne sont pas forcément des marâtres qui les attendent à la maison, mais des femmes bien justement. On a toutes vécu des amours avec des hommes mariés qui avaient tout promis et qui n'ont jamais divorcé. En revanche, les femmes se sont tirées quand elles ont appris la vérité. La femme arrive moins à dissimuler.

Chaque fois, je suis totalement sincère. J'ai eu des aventures qui s'achevaient en douceur. Certains avaient besoin de moi. Tous m'ont apporté quelque chose, mais je n'ai jamais imaginé qu'ils lâcheraient leur vie pour moi. Le problème, d'ailleurs, ne s'est pas réellement posé. Une ou deux fois, j'aurais bien continué mais on m'a fait comprendre clairement et simplement qu'on n'en avait rien à foutre. Avant de me rendre à la raison, je discute indéfiniment, je pose des questions pour essayer de comprendre et une fois qu'on m'a bien enfoncée, je me dis : « Va te faire foutre, connard. » Mais quand c'est terminé, ça l'est réellement. Je mets du temps, mais je tourne la page.

Je n'ai encore jamais rencontré quelqu'un avec qui j'aurais pu envisager de faire ma vie. Une fois, j'ai pensé qu'on pourrait aller plus loin, mais je savais pertinemment que nous n'étions pas capables de vivre ensemble. Ce garçon était trop gamin. Il y avait entre nous quelque chose de physique que je ne peux renier. Il m'apportait beaucoup sensuellement, nous partagions aussi des fous rires. Mais il y avait des envies de carrières, des vies insensées... Si je décide de vivre avec quelqu'un, ce n'est pas pour se voir une fois tous les deux mois. On a passé de très bons moments. Aucun des hommes avec lesquels j'ai vécu une aventure ne m'a fait dire : « Oui, c'est lui et s'il veut on peut. »

J'ai beaucoup d'assurance sauf dans ma vie privée, ma vie sentimentale où je reste fragile. Mon type d'homme, et il n'y a rien à faire, c'est toujours le même, c'est le grand blond aux yeux clairs, bien foutu.... c'est sans doute une vieille revanche. Souvent, alors qu'on était sur des plateaux de télévision à regarder des gens défiler, chanteurs ou comédiens, Michèle Bernier, qui me connaît par cœur, me disait : « Celui-là, je suis sûre que tu as craqué. » Elle gagnait à tous les coups !

À chaque nouveau coup de cœur, il m'arrive de me planter, le doute, le manque d'assurance m'envahissent. J'imagine toujours être quelqu'un qui ne peut pas attirer même si on m'a dit l'inverse avec des mots doux et très gentils. Je m'interroge, et lui, il craque ou non ? Je me fais des idées, c'est sûr, je vais me planter. Que peut-il me trouver ? Il a le choix, je ne tombe généralement pas amoureuse du benêt du village, il va prendre Claudia Schiffer. Pourquoi irait-il avec quelqu'un de petit et de tout cabossé alors qu'il peut avoir une grande bien faite ? Lorsque le moment d'intimité arrive, les choses ne s'arrangent pas. J'ai peur de mes 1,32 m, peur de ce que je suis. Je me raisonne, habillée ou toute nue, il a bien vu que je mesure 1,32 m. Donc, il n'y a aucun problème. Ce ne sera pas la surprise du chef : « Oh, tu es toute petite. » Les vêtements enveloppent, mais ils ne grandissent pas. Et puis, grâce à Dieu, je ne suis pas encore tombée sur des connards, et cela se passe toujours très bien.

Beaucoup de femmes partagent cette même crainte, ou ce doute de ne pas plaire et de ne pas pouvoir retenir un homme. Ce n'est pas seulement une question de physique. Une amie d'enfance qui avait eu une longue aventure amoureuse était convaincue de finir vieille fille, sans enfant, car elle ne rencontrait personne selon son cœur. Ceux à qui elle plaisait ne lui disaient rien, et l'inverse était également vrai. Elle est belle, grande, très féminine, et puis un jour c'est arrivé, et aujourd'hui elle est parfaitement heureuse. Ma petite sœur, avant de rencontrer son mari, a connu aussi beaucoup de moments de doute alors que la terre entière, et en particulier nombre de mes copains, était prête à l'épouser. Et puis, il y a eu une rencontre. Elle est mariée, heureuse, elle vient d'avoir un bébé... C'est pour cela que je suis optimiste. Elles étaient belles, bien faites... elles doutaient et ça leur est tombé dessus, alors pourquoi pas moi ? Je suis confiante à un point extraordinaire. Je le serai sans doute moins dans dix ans. Mais là, je le sens et je pense que cette rencontre aura lieu avant la fin de l'année. C'est peut-être une façon de me dire : « Je finis d'abord ce que j'ai à faire, je m'investis dans ma carrière et après l'homme de ma vie arrive et j'aurai un plus à lui offrir. » Je suis d'un optimisme forcené et je suis sûre que quelqu'un m'attend quelque part. Il va arriver. J'ai consulté des voyantes, comme beaucoup de gens mais généralement on n'aime pas trop l'avouer – il ne faut pas leur accorder un crédit illimité et bâtir sa vie en fonction de ce qu'elles vous disent, mais parfois cela aide –, toutes m'ont dit : « Il est en train de se préparer. » Et ça résume ce que je ressens. J'ai fait ma vie de mon côté. J'ai bâti mon empire d'une certaine façon, ma réussite, ma vie professionnelle et amicale. Je suis forte aujourd'hui. Il en fait de même. Cela semble un peu puéril, mais l'image est bonne : il fait la même chose, pas forcément professionnellement, mais il construit sa vie et étant donné l'âge que j'ai, c'est vrai que nous ne serons pas comme deux adolescents. Il sera mûr, prêt. Il aura vécu d'autres choses avant de me rencontrer. Il acceptera ce que je suis, ce que je ne suis pas, ce que je vis. Les choses se mettent en place. On gravit les deux côtés de l'échelle et on se retrouvera tous les deux au sommet. Nos chemins se croiseront à un moment. C'est une vision totalement optimiste des choses. La voyante a ajouté : « Ce sera à un endroit où, *a priori,* vous n'aurez pas envie de vous rendre. À l'instant où vous vous rencontrerez, vous saurez tous les deux, à la même minute, que c'est lui et que c'est vous. » Je veux y croire. J'y crois.

Lorsqu'un homme m'aura dit – sans que nous nous promettions l'avenir même si on se marie, parce qu'un mariage peut casser –, j'ai envie de te faire un enfant, alors je me dirai que je suis complètement forte et cette faille, cette fragilité sera en partie comblée parce que nous la partagerons ensemble.

Je ne sais pas si cette part de doute en moi disparaîtra un jour totalement. C'est mon talon d'Achille, mais c'est peut-être mon ouverture sur l'extérieur. Etre sûr de soi à cent pour cent, c'est passer à côté de beaucoup de choses. Il faut parfois, c'est évident, refuser de se laisser envahir par le doute. C'est le cas chaque fois que je monte un nouveau spectacle, ou que je signe pour une salle : je dois être sûre de moi et en même temps cinglée pour imaginer que des gens vont payer pour venir me voir. L'assurance laisse donc toujours une place au doute, mais il faut le cacher. Si on ne croit pas en sa vie, les autres n'y croiront pas non plus. Il faut avoir des envies très fortes qui déteignent sur les autres et influent peut-être sur les événements.

Sentimentalement, j'ai vécu des trucs sympas, des trucs moins sympas. Je ne suis pas une obsédée du cul ! Plutôt que de me trimbaler n'importe qui, je préfère les coups de cœur qui font vibrer, un désir qui se traduit physiquement par tous les pores de la peau. Ils sont plus rares, mais plus forts.

Comme beaucoup de femmes qui ne peuvent pas aller avec un mec si elles n'en ont pas envie, je fonctionne au feeling. Ma vie passe par le rêve, par l'imagination, par l'amitié qui m'apportent d'autres choses, alors que dans mes périodes creuses de vie amoureuse, je compense par toutes ces forces autres.

Aujourd'hui, je suis connue mais je ne pense pas qu'on m'aime pour cette « célébrité », je n'ai pas l'aura et la notoriété d'une Catherine Deneuve. Certains ont essayé de se servir de moi, mais ça n'a pas marché. Je ne pourrais pas supporter d'avoir à mes côtés un gigolo sans passion, qui ne ferait rien d'autre que vivre à mes crochets.

On a tous envie de bâtir pour une vie, mais ce n'est pas une entreprise facile. La vie en commun demande beaucoup de concessions, d'attention, de disponibilités.

Un amour peut-il durer une vie ? Aujourd'hui, à trente-sept ans, même si je suis prête à envisager de passer trente ans avec quelqu'un, j'ai des doutes. Si je rencontre l'homme, le « vrai », pourrai-je mettre les autres rencontres entre parenthèses ? Et on en fait dans notre métier ! On n'est jamais à l'abri d'un autre coup de cœur, d'une passion mais il faut alors savoir mesurer ce qu'on a dans les mains et peser le pour et le contre. Si je vis une relation heureuse, le problème ne se pose pas et s'il se pose, ce sera peut-être l'occasion de s'interroger... On n'est jamais installé, tout peut changer.

La sensibilité des hommes et des femmes est très différente. L'homme attache moins d'importance à ce qu'il appelle des petits détails. Il m'arrive d'attendre une soirée devant le téléphone parce que mon mec m'a dit qu'il appellerait ce soir-là. En vain. Et le lendemain, j'ai droit à : « Je suis désolé, je n'ai pas pu t'appeler hier. » C'est bien masculin et cela m'exaspère même si ça stimule ! En plein désert, une femme trouvera un téléphone... Un mec est pris par quelque chose, il ne lui viendra pas à l'esprit de dire : « Excusez-moi, j'ai un coup de téléphone à donner. » Peut-on parler de détails ? De l'autre bout du monde, je donne des nouvelles, j'appelle. Les femmes sont plus attachées aux preuves, aux mots que les hommes ne le sont. Mes copines partagent mon point de vue. Pour nous, les signes de l'amour sont indispensables.

L'infidélité n'est pas forcément un « tue-l'amour ». Il ne s'agit pas de cavaler mais faut-il tout remettre en question, briser son couple si votre partenaire vous annonce qu'il a eu une aventure ? Pour ma part, j'ai pris des coups dans la tronche, mais la première question qui me vient à l'esprit, c'est plutôt une autoremise en cause : « Pourquoi a-t-il eu besoin d'aller ailleurs, qu'est-ce que j'ai fait ? Avec mes 1,32 m, je suis incapable d'apporter un équilibre, du bonheur à quelqu'un. » En revanche, je n'accepte pas d'être ridicule et d'être la dernière informée par quelques bonnes âmes. Je ne dis pas qu'il faut l'accepter, mais il faut faire le vide quelques jours. Il faut faire un point, réfléchir, essayer de se retrouver. Ça peut être l'occasion de trois jours de balade et de couette, ou de bord de mer, pour y voir plus clair. Mais je suis incapable d'occulter et de faire semblant de rien : comme disait Yvan, tout se lit sur mon visage ! Il faut crever les abcès, ça permet de guérir plus vite. S'ils ne guérissent pas et qu'ils s'infectent, au moins on ne garde pas une grosse boule dans la gorge.

En tout état de cause, il vaut mieux garder pour soi un écart que l'on fait à ma « vie à deux », on ne partage pas ses aventures « extra-Mimie » avec moi : « Je me suis payé une nana hier qui était sublime, mais, ma chérie, ne t'inquiète pas, ce n'est qu'une aventure de cul. » Là, je vire sur-le-champ. Apprendre quelque chose qui s'est passé vingt ans plus tôt, pour moi le problème ne se pose plus.

La fidélité est une question de confiance. Elle peut subir des entorses qui doivent être des exceptions. Le cœur doit l'emporter sur le coup de cul. Mais un manquement laisse une cicatrice. Une cicatrice légère sur le visage n'empêche pas de vivre, en revanche cinquante cicatrices défigurent.

J'ai souvent partagé puisque j'ai choisi des hommes mariés, mais je n'accepterais pas qu'un homme avec qui j'aurais choisi de vivre mène deux vies parallèles. La liaison installée me ferait rompre bien que j'aie vécu l'équilibre que peuvent apporter les deux vies... faut-il mettre le couteau sous la gorge ?

Aujourd'hui, si je tombais amoureuse d'un homme marié et que j'aie vraiment l'impression qu'il est celui que j'attends, je ne suis pas sûre que je pourrais continuer à accepter qu'il mène une vie double. Au bout d'un moment, c'est insupportable : passer Noël, toutes les fêtes, les vacances seule et attendre que l'« autre » parte pour avoir deux jours à soi, et encore en se surveillant, en évitant les lieux publics, ne mène à rien. Je ne pourrais pas supporter de marcher à quinze mètres l'un de l'autre pour faire semblant de ne pas se connaître. L'horreur. Je ne pourrais pas accepter de me cacher tout le temps. Je suis possessive, trop intolérante, j'aime montrer mon bonheur, partager. J'ai besoin de vivre la tendresse et l'amour dans l'intimité mais aussi à l'extérieur. On ne se coupe pas en deux. Cela étant dit, ce sera peut-être ma vie, qui sait ? On ne peut jamais dire... jamais.

Le silence qui s'installe dans une relation quelle qu'elle soit, dans un couple, avec des enfants, des amis, est synonyme de mort. L'échange est vital. Lorsqu'il n'y a plus de parole, on trouve *Les Vieux* de Jacques Brel qui attendent la mort. Les gens qui n'ont rien à se dire, les couples au restaurant qui n'échangent pas un mot, c'est effarant pour moi.

On n'a pas toujours le choix de se tirer quand on en arrive là. Tous les couples n'ont pas forcément la capacité morale de se remettre en question, ou la volonté de le faire. Ceux qui ne le veulent ou ne le peuvent pas, tant mieux ou tant pis, ils baveront et regarderont la vie des princesses à la télé. En visitant la France profonde, je me suis parfois interrogée sur la médiocrité de certaines vies, c'est d'ailleurs aussi vrai dans les grandes villes. L'originalité d'une vie n'est pas une question d'argent, c'est une question d'envie : moi, je veux une vie de princesse, donc je m'en donne les moyens dans ma vie privée et dans ma vie professionnelle. C'est une image bien sûr, mais il faut se dire qu'il y a toujours une surprise possible au coin de la rue et avoir tout préparé pour qu'elle soit bonne. Si elle est mauvaise, il vaut mieux être paré.

Il y a quelques années, nous sommes partis une semaine au Sénégal, ma frangine Marie, Isabelle ma meilleure copine et moi. J'étais crevée. On s'éclate, on rigole, c'est une semaine de relâche : soleil-plage-soleil et visite des marchés de Dakar. Un soir, un jeune couple s'installe à nos côtés pour dîner. Ils doivent avoir dix-neuf ou vingt ans tous les deux. Lui filme le buffet de langoustes et de fruits de mer, et le contenu de leurs assiettes. Il pose la caméra, vide ce qu'il y a dans son assiette... pas une parole n'a été échangée... Ils sont en voyage de noces ! On pense que c'est mal parti pour eux !

Il m'est arrivé de toucher le fond de la piscine, d'avoir l'impression qu'il n'y a plus rien : « Je suis une pauvre cloche, personne ne m'aime. » Je pleure pendant une heure, les yeux boursouflés, des boutons partout, je me dis que c'est sûr personne ne m'aime, je passe douze coups de téléphone et les copains débarquent. Tant qu'on est en vie, qu'on n'a pas le sida, un cancer, la vie est jolie. On donne un coup de pied et on remonte.

Lorsque des gens me disent : « Je suis tout seul, personne ne me parle. » Je réponds toujours : « Parlez peut-être les premiers. Allez vers les gens, ils viendront vers vous, donnez quelque chose pour qu'on vous donne. » Il ne faut pas attendre que ce soit dans le sens inverse. Lorsque je suis dans une fête où je ne connais personne, je respire un grand coup, je me dirige vers quelqu'un : « Bonjour, je m'appelle Mimie, et toi ? » Soit on s'en moque, et je passe à quelqu'un d'autre, soit ça accroche.

Vivre seul, solitaire plutôt, ça part pour moi d'une faiblesse personnelle, d'un manque de générosité. Ce n'est jamais un problème de moyens. Quand je suis arrivée il y a plusieurs années dans l'immeuble que j'habite aujourd'hui, le voisin de palier, un monsieur de quatre-vingt-cinq ans, a sonné. Nous faisions des travaux, les parents et moi. « Voilà, nous a-t-il dit, je suis votre voisin. Pendant la guerre, on se retrouvait dans les sous-sols lors des bombardements. Il n'y a plus la guerre, mais ma femme et moi voulions vous dire que nous étions très contents de vous connaître et que si vous aviez besoin de quelque chose, vous savez que nous sommes là. » Et à l'adresse de mes parents, il a ajouté : « On est à côté si cela peut vous rassurer. » Sans parler de vivre les uns chez les autres en permanence, je suis rassurée de les savoir là et si je peux faire quelque chose pour eux, je le fais. Il faut oser aller vers les autres, enclencher la machine. Si on n'a personne autour de soi, c'est qu'on ne donne rien et que les êtres ne vous intéressent pas. Rien ne tombe tout cuit.

L'accumulation de choses difficiles, trop de merdes à la fois, peuvent amener quelqu'un qui manque d'amour, à qui on n'a pas su témoigner de l'amour ou de l'amitié, ou qui n'a pas su se faire aimer, à se dire : « Je ne m'en sors pas, je préfère mourir. » Il y a des blessures et des moments qui peuvent paraître insurmontables. Se suicider, c'est n'avoir plus envie de se battre. C'est une question de tempérament.

Je comprends qu'on puisse mettre un terme à sa vie, même si je ne peux l'imaginer pour moi. La seule chose qui m'abattrait serait qu'on me dise que j'ai un cancer et qu'il ne me reste que trois mois à vivre. Je serais effondrée car j'ai encore tant de désirs, tant de choses à faire. Ça stagne peut-être au-dessus de ma tête mais je suis tellement optimiste que je me dis que je suis trop basse, cela me passera au-dessus.

La vie se respecte. On n'en mesure généralement pas le prix. Le départ d'Yvan a été pour moi une prise de conscience terrible de ce que représentait le mot « vie ». J'en ai encore eu la preuve récemment. Une de mes copines, qui avait un doute, venait de faire le test du sida. Elle m'appelle en attendant son résultat : « Je meurs de trouille. Plus jamais de ma vie je ne ferai l'amour sans préservatif. À la soirée sida, j'ai commencé à baliser et j'ai fait le test. » Elle remettait tout en cause. Elle avait vécu sa vie intime dans l'insouciance, et brusquement elle réalisait qu'elle risquait de tout perdre pour une connerie, que la vie est belle. Elle imaginait la douleur de son entourage... elle, sa vie. Cela relativisait brusquement tout le reste, seule la vie prenait de l'importance. Les résultats ont été négatifs.

Cela va dans le sens du combat actuel de prouver aux gens que cela n'arrive pas qu'aux autres. Tout a pris une autre couleur. On n'a plus droit à l'irresponsabilité. Il est absurde de prendre le risque de lancer un poignard si vous êtes sur la trajectoire en espérant qu'il ne va pas vous retomber dessus. Il y a une chance pour qu'il tombe à côté et une chance pour que vous vous le preniez dans la tronche. Le jeu n'en vaut peut-être pas la chandelle. C'est ce que devraient se dire les gens qui se moquent du préservatif.

J'ai fait le test moi aussi, parce que j'ai eu un doute il y a des années. C'était avant qu'on parle autant du sida que maintenant. L'attente est terrible. Au bout de quelque temps, la peur s'installe. Et les interrogations : « S'il n'en a pas mis avec moi, il n'en met pas avec les autres... » J'avais eu confiance dans mon partenaire, et le test m'a donné raison. Mais je me suis jurée de ne plus jamais revivre ces deux jours d'angoisse entre le moment où on fait le test et le résultat. Je me suis sentie totalement irresponsable. Le coup de cœur, plus jamais sans préservatif, je m'y suis engagée !

Il ne s'agit pas de manque de confiance. Tant qu'on n'a pas une vie stable – si j'avais une vie stable et que je fasse un écart, je ne prendrais pas le risque de contaminer mon conjoint –, on ignore tout de l'autre, on ne se connaît pas encore. On n'en est pas au stade de la fidélité la première fois qu'on couche ensemble. Je suis sûre de moi à partir du moment où je sais que mon dernier test est négatif, mais je ne sais rien de l'autre. On a un désir ? Alors, faisons tout pour que ça se passe bien. Et si la relation dure, on refait un test chacun et si ça doit continuer, ça continue.

Se foutre en l'air pour s'envoyer en l'air une nuit, cela ne vaut peut-être pas le coup. Ça ne sert à rien de prendre un risque avant d'être sûr de soi et de l'autre. C'est comme ça. Il y a eu la période fabuleuse où on prenait la pilule, où on pouvait s'éclater. Il y avait bien les maladies sexuellement transmissibles, mais cela n'avait rien à voir avec le drame du sida. Cette époque est révolue, il faut vivre avec ce qui se passe maintenant. Cela ne sert à rien de se lamenter. Pour que tout se passe bien, jouons avec les préservatifs. On n'a pas le droit de faire autrement.

Il est absolument nécessaire d'en parler avec les enfants. Comme disait Carole Bouquet lors de la soirée consacrée au sida, l'éducation sexuelle est inexistante dans les écoles, et c'est une catastrophe. On n'apprend jamais si bien qu'avec ses parents s'ils sont à la hauteur, mais tous n'ont pas la liberté d'aborder ces problèmes. Il faut dire aux enfants, quand ils sont en âge de comprendre, ce qu'est un rapport sexuel : « Voilà, il y a une maladie qui existe, elle ne s'attrape pas si vous mangez avec la même cuiller, si vous faites une bise, si vous vous asseyez sur les toilettes de quelqu'un qui l'a. Elle se transmet par le sang et le sperme, il faut faire attention. Voilà, les enfants, vous faites partie de cette époque où il faudra mettre un préservatif. » Alors, plutôt que de leur dire : « Il faudra en mettre un », il faut le leur montrer et leur apprendre comment le mettre. Il faut leur apprendre, non pas comme un jeu, mais comme une chose de la vie. Ce n'est pas triste, c'est obligatoire. On ne doit même pas se poser la question. C'est une question de vie ou de mort. Il faut que ce mot ne soit plus tabou pour des gamins qui commencent à avoir des rapports à quatorze-quinze ans. Cela ne rendra pas les relations sexuelles adolescentes obligatoires. On sait simplement que ça existe et qu'il faut s'en servir. Ce n'est pas parce que les seringues sont en vente libre qu'on se drogue. Ce n'est pas parce que le vin est en vente libre que je me soûle tous les soirs.

Avec un peu de chance, dans dix ans ou moins on aura trouvé enfin le vaccin et ils échapperont à ce préservatif !

L'autre aspect de cette maladie, et qui ramène à la différence, c'est le rejet. Le sida, c'est l'affaire de tout le monde, on ne peut pas ne pas se sentir concerné. Ce n'est pas une maladie honteuse, ce n'est pas la stigmatisation d'un mode de vie, ce n'est pas une punition divine. Lorsqu'on n'a plus d'espérance, que tout s'écroule, le comble est de ne pas oser parler parce qu'on sait qu'on sera rejeté ou incompris. Je n'oublierai jamais le témoignage d'un gamin qui parlait le visage couvert sur le plateau de télévision : « Moi, si je le dis, personne ne me parlera plus. La seule personne à qui je l'ai dit, au début, c'est mon meilleur ami. Je n'ai plus jamais eu de ses nouvelles depuis. » À l'inverse, l'émission de Mireille Dumas, *Bas les masques,* a permis que des parents découvrent la séropositivité de leur fils qui en parlait à visage découvert mais qui n'avait pas osé le leur dire. Ils ont ouvert le dialogue et se sont interrogés sur ce silence. Ils comprenaient mieux, brusquement, l'irritabilité de leur fils : on ne réagit pas de la même façon quand on sait que la mort est proche. Aujourd'hui, ils font front ensemble.

Dans beaucoup de familles, le dialogue n'existe pas. Le milieu social quel qu'il soit, bourgeois ou ouvrier, joue souvent un rôle prépondérant quand une famille n'est pas assez sûre d'elle et que les parents attachent une importance considérable aux jugements de leur milieu : « Que vont penser les X ou les Y ? » Ce n'est pas grave de se couper de ce monde-là, un monde faux où l'apparence l'emporte sur la vérité. Cela situe exactement les relations qu'on a avec les gens.

On en revient à ce même problème de la méconnaissance d'une différence. Certains peuvent avoir peur de parler parce qu'ils imaginent qu'il faut employer un langage spécial, des attitudes particulières. Quand il y a l'amour, la tendresse ou l'amitié, on ne se pose pas la question de savoir : « Est-ce que je vais blesser ? », « Dois-je dire ceci plutôt que cela ? », « Que dire aux Machins dont le fils est séropositif ? » Les gens de cœur, simples et naturels, trouvent les mots qui font vivre. Lorsqu'on est malade, on a besoin de tout sauf de pitié. On demande de l'attention vraie et que la vie continue autour de soi.

Il est terrible de mourir seul sans pouvoir partager l'angoisse du départ. Chacun de nous doit être attentif et ouvert à la parole.

XI

Quand on veut, on peut.

Refuser de subir sa vie mais en être l'acteur, le metteur en scène, c'est, pour moi, ce qu'il y a de plus fondamental. Et le meilleur instrument, c'est la volonté.

Tant qu'il y a la vie, il y a l'espoir. C'est ce dont je veux témoigner. Je reçois beaucoup de lettres de gens étonnés de la volonté dont je fais preuve. Certains se disent vraisemblablement : « Alors, elle, elle est petite, elle est cabossée, elle a des kilos en trop et elle y arrive, pourquoi pas moi ! » Tant mieux. Peu m'importe ce qu'ils pensent de moi, l'essentiel c'est qu'ils retiennent une évidence. Qu'on ait envie de devenir plombier, président de la République, ou je ne sais trop quoi d'autre, on ne peut qu'être seul à y croire au départ, et quand on y croit, il faut se donner les moyens d'atteindre le but qu'on s'est fixé. J'ai envie de me répéter, vouloir c'est pouvoir. Il ne s'agit pas pour autant d'écraser les autres ou de tuer quelqu'un pour y arriver.

Avoir un objectif, c'est un moyen de s'obliger à aller plus loin. Il y a encore dix ans, j'avais besoin de me fixer des étapes, aujourd'hui je fais ça, demain je veux faire ça, dans six mois ou un an, par exemple partir en vacances, prendre un billet d'avion, et me dire : « Bon, OK, je vais tout faire pour pouvoir m'en payer un. » Ma motivation principale n'était pas vraiment les études qui ne m'ont jamais réellement passionnée. « Vivement que je passe en deuxième ou troisième année de fac », ce n'était pas mon truc. En revanche, quand Michel Fugain a monté l'Atelier, mon objectif s'est fondu avec lui et j'ai vécu beaucoup plus au jour le jour. Ce qui m'importait était ce que je vivais sur le moment, donc je faisais en sorte que tout aille bien.

De nombreux jeunes aujourd'hui n'ont pas d'envie précise. Ils se contentent d'avoir celles des autres.

Une certaine presse ne cesse de parler des millions que gagnent Jean-Pierre Papin, Patrick Bruel ou Michael Jackson, et de la vie dorée de ces vedettes en faisant l'impasse sur tout le reste. Les gamins entendent et lisent tout cela. Ils échappent à travers eux à la réalité souvent très dure de leur propre vie.

Lui il l'a, moi je le veux. Ces jeunes sautent l'étape de l'apprentissage. Ils passent du départ à l'arrivée, ils ne voient que le résultat. Mais ils ne se donnent pas, eux, les moyens de leurs ambitions. Ils occultent que leurs idoles ont souvent galéré, travaillé comme des fous, quel que soit le domaine, sportif, musical ou autre... rien n'arrive tout seul. Lui, il l'a parce qu'il a voulu l'avoir. Ils envient un confort financier, ils copient un style de vie. La télévision contribue beaucoup à faire naître des désirs et à imposer des idées ou un mode de vie : il faut posséder... On voit tout ce qu'on n'a pas et qu'on aimerait avoir et on suppose que les autres l'ont.

Il m'est arrivé parfois, entre deux spectacles, de faire des dédicaces dans des magasins de meubles. Le patron ou le directeur du magasin fait un affichage local et publie un communiqué dans la presse dans les jours qui précèdent la date choisie, et je passe trois heures le dimanche après-midi à discuter avec des gens qui viennent pour me voir.

J'ai vu ainsi un jeune couple, d'une vingtaine d'années, qui allait se marier le mois suivant. Il était au chômage, elle avait un petit boulot de vendeuse et ils se sont mis soixante-dix mille francs sur le dos et un remboursement pendant dix ans au moins pour l'achat d'une salle à manger. J'ai interrogé le patron : « Mais c'est horrible de leur vendre ça, ils n'ont pas un sou pour payer. » Et il m'a répondu : « Ils sont nombreux comme eux, ils achètent et on vient les saisir au bout d'un moment parce qu'ils ne peuvent plus payer. C'est comme ça, c'est le business. Il y en a qui s'en sortent et qui vont se priver toute leur vie pour la salle à manger, les autres tant pis ! »

C'était difficile, pour ne pas dire impossible, de faire prendre conscience à ces jeunes de la folie de leur attitude. Alors, sans les agresser, gentiment, je leur ai demandé :

« Pourquoi achetez-vous si cher ?

– Nos enfants les auront. »

Comme quand les grands-parents disaient à maman : « Tu vas récupérer la salle à manger familiale. » Ils étaient fous de joie, c'était le plus beau jour de leur vie, ils avaient la même chose que les autres. Ils reproduisaient des schémas. Je n'avais pas le droit de casser cela. Je n'ai rien ajouté. Pour eux, c'était la priorité. Je vis dans des meubles Ikéa qui me suffisent parce que j'ai d'autres priorités.

Les individus ne sont pas toujours capables de réagir contre des choix dictés. Ce garçon va peut-être retrouver du boulot, il fera peut-être des heures supplémentaires, il va peut-être faire beaucoup de choses, mais le plus important, là, c'était d'avoir comme les autres.

L'entourage, qu'on nous impose du fait des choses de la vie ou qu'on se choisit, joue un rôle déterminant dans la vie. Le climat familial et social qui entoure un gamin à la maison est essentiel. Pourquoi se défoncer lorsqu'on a un père chômeur depuis des années, des frères aînés qui n'ont pas trouvé de travail à la sortie du lycée ou parfois même avec un bac professionnel en poche ? Pour quoi faire ? Où est la stimulation dans des situations de ce type ? Une sorte de fatalité s'installe. Un jeune en compagnie de quinze autres copains qui ont envie de glander, de piquer ou d'incendier des bagnoles devra être très fort moralement pour rester dans sa voie et se dire : « Moi, j'ai envie de faire ça, j'y arriverai. » Un adolescent qui a grandi dans une banlieue défavorisée et qui veut faire des études de médecine n'aura pas les mêmes facilités et les mêmes bases – je ne parle pas d'intelligence – qu'un fils de famille. À intelligence égale, à milieu social différent, il devra s'accrocher deux fois plus. Ensuite, c'est une question de tempérament, il faut foncer. Seules la maladie et la mort sont des empêchements irrémédiables.

Les jeunes qui sont autour de moi, parce qu'ils ont la chance d'avoir des foyers équilibrés – c'est un privilège aujourd'hui –, ont des envies. Ils ne partent ni perdants, ni paumés, mais lucides. Je crois qu'il est utile d'être conscient.

Ce n'est pas évident de trouver sa voie. Je n'avais pas les meilleures cartes en main, je dirais même que mon jeu n'était pas terrible au départ. Si j'y suis arrivée, pourquoi d'autres n'y arriveraient-ils pas ? J'aurais tout fait pour réussir, dans ma voie comme dans une autre voie. Si j'avais voulu faire médecine, je me serais donnée autant de moyens et je me serais défoncée de la même façon parce qu'on ne voit guère de médecin ou de chirurgien comme moi. Je n'ai pourtant pas le sentiment de m'être battue plus que les autres. Je ne me suis pas acharnée sur tout, ce qui ne me plaisait pas, je le mettais de côté. En revanche, je n'ai pas attendu que tout me tombe du ciel. Morte de trouille, et quelquefois sans savoir où j'allais, j'ai saisi les propositions qu'on me faisait. Lorsque Jean-Claude Martin m'a dit : « Tu devrais faire un one-woman show » alors que j'étais partie pour un spectacle de troupe avec Fugain, j'aurais pu dire non. J'ai foncé et le résultat valait le voyage !

Je ne crois pas au mot « message », mais je pense qu'il est indispensable, dans la société actuelle, alors que nous sommes bien souvent manipulés sans le savoir, de faire prendre conscience aux gens qu'ils ont une responsabilité et qu'ils sont concernés par les événements. On ne peut pas toujours se laver les mains de ce qui se passe dans le monde.

Le cinéma et le théâtre peuvent être des incitateurs à la réflexion dans une époque où le temps manque. En ce sens, les comédiens apportent leur part au monde.

J'ai vu *La Liste de Schindler* de Spielberg. C'est un film très intéressant, très digne, un beau film si on peut employer un tel terme pour ce sujet. Je trouve formidable que ce réalisateur, qui compte quatre films au tableau des dix meilleures recettes mondiales, ait tourné un tel sujet. L'horreur de l'extermination et de la déshumanisation est presque irracontable. Beaucoup de films ont été tournés, de livres écrits, c'est vrai. Mais Spielberg, avec son aura auprès du public, prouve qu'il se remet en cause, à un moment où il y a une montée du fascisme et de l'intolérance, un renouveau des mouvements nazis en Allemagne et en Europe, du racisme sous toutes ses formes, des révoltes contre la pauvreté et la différence aux États-Unis. Il nous dit : « Attention, regardez par où on est passé. » L'holocauste reste un mot pour beaucoup et sans doute encore plus pour la plus jeune génération. Un Américain sur deux ignore ce que c'est. Spielberg est allé à l'essentiel : « Prenez garde au fanatisme, il n'y a pas de supériorité de race, ne rejetez pas votre voisin. Cela a existé, nous l'avons connu, voilà ce que ça a fait. »

Si au moins un spectateur sur deux pense en sortant : « Jamais ça, plus jamais », c'est formidable. Je suis allée voir ce film avec des copains. Nous nous sommes dit en sortant : « Et la Bosnie ? On est horrifié de ce qu'on vient de voir et on ne bronche pas pour la Bosnie. Cela vaudrait peut-être le coup de se mobiliser... non ? »

On est tous partie prenante de cette lâcheté. Personne n'avait envie de mourir pour la guerre du Golfe, mais on n'a pas donné le choix à ceux qui y sont partis. C'était : « On n'a plus de pétrole si on n'y va pas. Il faut qu'on se magne pour sauver nos intérêts ! »

On ne peut ignorer où conduit le rejet de la différence. Les jeunes d'aujourd'hui sont ceux qui auront en charge le monde de demain. Dans dix ans, ce sera à eux.

On se mobilise pour une cause quand on est touché soi-même ou à travers ses proches. Notre carapace d'égoïsme est aussi une sauvegarde, sinon on passerait son temps sur les routes à aider tout le monde et à faire mère Thérésa. Nous n'avons pas tous les qualités et la générosité de cette femme exceptionnelle, entièrement dévouée à soulager la misère. Mais il faut essayer, là où on est, à travers la vie privée et la vie professionnelle, d'en faire le plus possible. On apporte chacun à sa façon, et pas forcément à travers les actions les plus spectaculaires, sans bruit, sa pierre au monde. Si chacun donnait un peu de lui-même, on éviterait bien des drames. Ça n'est pas facile et on peut se faire des reproches quotidiens.

Je pourrais finir membre de l'Unicef ou engagée avec les équipes de Médecins du monde. Ce n'est pas un gag, je suis sincère. Je porte ça en moi. Je ne me sens pas coupable de prendre ce qui m'est donné, je suis ouverte à tous les bonheurs, j'estime que je l'ai mérité. Les malheurs arrivent toujours et il faut les assumer aussi. On peut aider, on peut contribuer, on peut faire pression sur l'État et les organismes dont c'est la responsabilité, mais on ressent un sentiment d'impuissance devant tant de misères, tant de drames. Je ne serais sans doute pas plus puissante si je partais trois mois en Afrique aider les populations qui en ont besoin, soigner les enfants, mais je me sentirais au cœur du problème. Par moments, je pense : « Là, je suis bien, je regarde un film, le feu brûle dans la cheminée... et mon clodo est en bas. Qu'est-ce que je fais ? Je ne vais pas l'installer chez moi, ce n'est pas possible, je ne peux pas. Et les autres ? » Quand je jette un peu de nourriture, je me sens coupable, mais comme dit Muriel Robin : « On ne va pas envoyer le reste du gratin de pâtes en Bosnie ! » Ça ne sert à rien. Je voudrais en faire plus et puis il y a le temps, les occupations, les proches qui ont besoin de nous. On ne peut pas passer à côté de ceux qui nous entourent. Les « mères Thérésa » n'ont pas de vie privée parce qu'elles sont lancées à fond dans leur entreprise. Je ne connais pas la vie de cette femme, ses origines et son parcours, mais je me dis parfois, parce que je suis concernée par les autres, que si je n'avais pas été comédienne, j'aurais suivi sa voie. Je l'admire profondément. C'est un choix et ce sont des circonstances de vie.

J'espère faire un jour quelque chose de plus important pour les gens qui en ont besoin. Les pays sous-développés, les famines, les enfants qui souffrent dans le monde entier. Je ressens ces misères et ces drames profondément. J'admire tous ceux qui ont les couilles de faire ce que je n'ai pas le courage aujourd'hui d'entreprendre. Certains le font et je trouve cela formidable. Je pense que c'est un appel irrésistible.

J'aimais beaucoup Coluche. Il avait l'art de mettre le doigt sur la partie noire de chacun de nous. Il brossait dans ses sketches le portrait de monsieur et madame tout-le-monde dans lequel personne ne se reconnaissait, mais où on retrouvait volontiers son voisin : « Tu as vu, celui-là, on le connaît. Machin, il est exactement comme ça. » Les gens riaient, mais jamais d'eux-mêmes. L'autodérision est très rare. Coluche a fait une sorte de radiographie de notre société avec ses lâchetés, ses excès et ses indifférences. C'était un moyen comme un autre, en grossissant énormément les travers qu'il relevait, d'amener le public à réfléchir. Même si tout le monde n'a pas compris le sens profond de ce qu'il disait et que la majorité s'est arrêtée au comique des situations, il suffit que quelques-uns aient modifié leurs comportements pour qu'il ait gagné. Aujourd'hui, son humour incisif et cruel nous manque.

Je suis parfois pessimiste sur le monde dans lequel nous vivons. Où va-t-on ? Les cités des banlieues laissées à l'abandon sont des chaudières prêtes à exploser. Nous avons fait venir beaucoup d'étrangers pour travailler dans les usines à l'époque de la prospérité, beaucoup accueilli, peu intégré, et aujourd'hui on n'a plus de quoi occuper tout le monde. Je lisais récemment dans *Le Parisien* que le gouvernement pèse les avantages et les inconvénients de la semaine scolaire ramenée à quatre jours au lieu de cinq jours, c'est-à-dire plus d'école le samedi. En primaire, si le projet est adopté, les enfants iraient à l'école les lundi, mardi, jeudi et vendredi. *Le Parisien* a fait deux colonnes, argument en faveur du projet : week-end en famille, argument défavorable : les banlieues où les gamins ne seront occupés que quatre jours. Pendant les trois autres jours, ils se retrouveront en bande à zoner. Les parents n'ont pas envie de les avoir dans les pattes dans des logements exigus, il n'y a pas d'infrastructures pour les accueillir. La porte est ouverte à tout. Que va-t-il se passer ? Jack Lang proposait, à la belle époque où il était ministre, d'organiser des concerts pour calmer les tensions estivales... Aujourd'hui arrivent des mecs comme Pasqua qui proposent, pour résoudre la situation, la force. Cette société-là me fait peur. J'ai vu au cinéma récemment le clip dont il a eu l'initiative. Je l'avais entendu en parler à *7 sur 7* avec Anne Sinclair : un mec et une nana à cheval survolent la France, notre terre est belle : « Sauvons la France, préservons la France, la France aux Français. » Cela m'a fait penser à ce que devait être la propagande nazie pendant la dernière guerre. C'est à tomber par terre. Est-ce que cela veut dire : « Faisons tout pour rester entre nous et que la France reste belle » ? C'est inquiétant. Ça fait peur. Face au laxisme qui a pu exister, on renie ce qu'on a été jusqu'à présent, c'est-à-dire une terre d'accueil. Attention, danger.

Le problème des gens révoltés n'est-il pas de ne pas avoir d'idéologie autre que celle qui consiste à prendre la place du voisin ? Pourquoi gueule-t-on ? Il y a ceux qui veulent avoir de quoi vivre et de quoi manger, cela c'est une vraie lutte. Et puis, il y a ceux qui veulent avoir ce que les autres ont en face et qu'ils n'ont pas. « Tu l'as, je te casse la gueule parce que je veux l'avoir. Moi, je l'aurai. Toi, tu vas payer. »

Il y a aussi, heureusement, des raisons d'être optimiste. Un certain nombre de jeunes retrouvent les vraies valeurs.

Au Forum des Halles, on croise des types au crâne rasé, douze boucles d'oreilles dans le nez, vêtus de noir et portant de gros godillots, avachis sur un trottoir. À aucun moment, vous ne me ferez croire que ces mecs ont une joie de vivre. Ces gens-là ne rient jamais. En revanche, dans la rue, je rencontre des jeunes de douze ans, quinze ans et plus qui m'arrêtent et qui me parlent... l'échange existe. Ils sont mon espoir. Propres, bien élevés, ils disent merci, au revoir, bonjour. Tout n'est pas perdu. Et petit à petit, on en revient aux valeurs essentielles. Le sida, paradoxalement et horriblement, oblige à repenser les choses et à faire qu'on se tourne vers ses noyaux les plus forts. Je suis sûre que les valeurs de base ne sont pas mortes. Les familles n'ont pas disparu, l'éducation et la joie de vivre non plus. Mais peut-être faudrait-il aussi arrêter de déléguer ses responsabilités. Si les parents redevenaient un peu des parents, peut-être que cela irait mieux.

Aujourd'hui, ma vie est tracée. Elle comporte mon monde amical, familial, ma vie privée. Par ailleurs, je ne la conçois pas sans ma vie publique et ma vie sur scène que j'aime et qui me plaît. Je fais ce métier pour profiter de ce que j'aime, mon métier, et jouir de la vie.

Certains comédiens, au sommet de la popularité, accumulent les show-télé, la scène et, les soirs de relâche, ils partent faire des galas privés à perpète-les-oies pour mettre dans leur poche quatre ou cinq briques de plus. Je n'y vois que l'envie d'amasser toujours plus. Moi non plus je ne déteste pas l'argent, à partir du moment où il me permet de vivre et d'en faire profiter les gens que j'aime, mais je ne suis pas une malade de la possession. L'achat d'un appartement, et l'obsession des remboursements écrasants, très peu pour moi. Le mas de rêve sur la Côte, je m'en fiche. Tout ça ce n'est pas mon truc, mais bien plutôt des « tue-la-vie ». Je n'accepterai jamais, sauf rarissime exception, un gala les jours de relâche qui sont absolument indispensables pour recharger les batteries. Moi, j'ai besoin de deux jours, le dimanche et le lundi. Accepter de foncer à mille kilomètres pour gagner plus, non merci. C'est l'horreur. Je ne veux pas crever sur mon tas d'or. On part les mains vides, et il vaut mieux avoir le cœur plein.

Notre métier est précaire et c'est peut-être une des raisons qui poussent tant de comédiens de renom dans la voie de l'excès. Tout peut s'arrêter, le goût du public peut changer, d'autres personnalités apparaître qui accrocheront mieux. Certains chanteurs, après quelques années de gloire, se sont retrouvés dans la dèche totale. Nous le savons tous. Pour ma part, je préfère vivre plus sobrement parce que j'ai déjà la chance de pouvoir vivre comme j'aime, aller au restaurant, faire des voyages plutôt que de passer sans arrêt d'un extrême à l'autre dans les périodes de creux. Je ne veux pas changer mes habitudes de vie et je n'ai pas envie, si le succès m'abandonne, d'être obligée de tout revendre comme je l'ai vu faire par de nombreux comédiens. Quand les finances coincent un peu, je voyage moins, mais je m'offre toujours des restaurants. J'ai choisi de vivre bien et régulièrement, en faisant parfois quelques excès si mes « plus » me le permettent.

Un de mes rêves les plus fous qui était de rencontrer et de parler aux acteurs ou aux comédiens mythiques qui ont bercé mon adolescence se réalise aujourd'hui.

Une de mes copines a épousé un fils de Kirk Douglas. Pour nous deux, Kirk, c'est *Spartacus :* « Tu imagines, me disait-elle, je vais être la belle-fille de Spartacus ! »

Michel Drucker, qui connaît mon admiration pour l'acteur, m'annonce un jour qu'il préenregistre une émission avec Kirk Douglas, sans public, et il m'invite à y assister. Je me mets dans un coin avec l'équipe technique et les photographes. Je vis un rêve. J'écoute un mec qui a tourné en quarante années de carrière avec les plus grands. Drucker et lui sont au centre de la scène quand Michel m'appelle. Il me présente à Kirk qui commence à parler avec moi. Je lui dis que je connais son fils... Drucker s'absente pour se changer et nous continuons à bavarder devant quinze photographes. Je découvre un mec, un mythe, une star mondiale, d'une gentillesse, d'une simplicité, d'une humanité formidables. J'ai des photos de moi, Mimie, avec Spartacus ! C'est un des grands moments de ma vie. J'ai pensé : « Quoi qu'il arrive dans ma vie professionnelle, si j'ai la chance de faire une carrière comme la sienne, je garderai cette simplicité. » Ce sont les Américains. Ils ont une écoute des autres que beaucoup de Français n'ont pas.

J'aime Liza Minnelli, la fille de Judy Garland et de Vincente Minnelli. Comme Gene Kelly et Shirley McLaine, elle appartient à un monde que j'adore. C'est Gene Kelly qui m'a donné envie de faire ce métier. Je n'ai pas de culture cinématographique française, je ne vibre pas aux *Enfants du paradis,* ou à *Quai des brumes.* À la même époque, les Américains montaient des comédies musicales qui sont ma nourriture à moi.

La première fois que j'ai rencontré Liza, j'ai failli m'évanouir tant j'étais émue. J'ai toujours été une de ses fans. Elle a ses problèmes, les mêmes que ceux de toutes les femmes, les kilos en trop. J'ai assisté à des spectacles où elle était « enveloppée ». Peu lui importe, elle assume. Elle enfile sa tenue de scène, et elle s'en moque. Pas un mec ne dira : « Tiens la grosse », parce qu'elle est époustouflante. Sur scène, elle est fabuleuse, elle a un talent à tomber par terre. J'étais allée il y a six ou sept ans avec ma sœur Marie voir Aznavour au Palais des Congrès. Liza était assise à côté de nous. J'étais tétanisée. Je n'ai pas osé lui parler. Nous nous sommes retrouvées dans la loge de Charles Aznavour, à la fin du spectacle. Il m'a présentée à elle très gentiment : « Mimie a un très grand sens de l'humour, elle est très connue en France. » Le mythe se cassait, nous nous retrouvions en train de parler, non pas d'égale à égale, mais de personne à personne. C'est un événement marquant de ma vie. Je l'ai revue deux ou trois fois.

Charles Aznavour fait partie de ceux que j'admire. J'ai un trop grand respect pour lui pour le tutoyer, mais alors que lui aurait toutes les raisons de le faire – sa notoriété, la différence d'âge –, il me vouvoie également.

J'avais ses disques, et je n'ai pas été déçue en le rencontrant. On souhaite toujours retrouver chez les artistes qui nous touchent les mêmes qualités dans leur vie privée que celles qu'on leur prête à l'écran ou sur scène. C'est le cas. Il a une ligne de carrière et une vie que j'aime. Il n'est pas grand, lui non plus, mais c'est un « Monsieur ». Je l'ai revu à la soirée des *Restau du cœur*. Il m'a parlé de ma *Nounou :* « Je suis content pour vous, nous l'avons regardée en famille, je vous ai trouvée formidable, vous êtes une comédienne épatante. Vous méritez ça et j'espère que vous allez en faire une série. » Pour moi, cela valait toutes les récompenses de la terre venant de quelqu'un que je connais, que je respecte et que j'admire depuis des années. Il m'a fait un bien fou.

J'ai rencontré Gregory Peck à une première de Line Renaud. Qui ne se souvient de lui dans *Vacances romaines* ? Il est impressionnant et sympa à la fois. Je pourrais m'asseoir auprès de ces comédiens-là et passer une nuit à les écouter même s'ils ne sont pas forcément plus intéressants que les autres ou plus intelligents.

Je suis inconditionnelle de Sylvester Stallone pour qui j'ai une âme de midinette. J'adore sa voix, physiquement je le trouve superbe, bien qu'il ne corresponde pas à mon type d'homme. Si on me propose de passer une soirée avec lui, alors là... je l'avoue, je fonce ! Je ne me fais aucune illusion, je ne suis sûrement pas son genre ! Je l'ai croisé en 1993 à Cannes, au Festival, accompagné de ses gardes du corps qui m'ont pris sous leur aile. C'est un mec formidable. J'aime son parcours et la ténacité avec laquelle il s'est battu pendant des années pour imposer *Rocky,* le scénario dont il était l'auteur. Il croyait en cette histoire banale qui est celle d'une réussite : un homme qui n'a rien pour lui et qui un jour se retrouve au sommet par la force de sa seule volonté. Il était refusé par tous les producteurs. Peu connu, il n'avait encore rien fait de marquant comme comédien. Je serais prétentieuse, je dirais que ça me rappelle un peu ma *Nounou.*

J'ai fait mon premier festival de Cannes il y a deux ans. C'est impressionnant et moi qui aime le côté « paillettes », j'ai eu là ma première émotion de métier inattendue. J'avais une accréditation. Treize mille personnes attendaient Madonna qui présentait son film. J'ai monté les marches en même temps que cette équipe phare. Et brusquement, ce fut l'hystérie quand on annonça mon arrivée : « Et voilà Mimie Mathy qui triomphe actuellement à Paris dans *Le Gros N'Avion* avec ses copines. » La foule scandait « Mimie, Mimie... ». J'ai cru que j'allais pleurer. J'étais avec mon copain Antoine qui m'a dit : « Arrête-toi, ils t'appellent. » Il faut sourire... Les flashes des photographes qui crépitent de tous les côtés. J'ai pensé : « Tu as gagné quelque chose. Il y a une reconnaissance. » C'est un instant émouvant et exaltant.

C'était le dernier soir, et j'étais invitée au dîner de clôture. Nastasja Kinsky était là. Je m'interrogeais sur la manière de l'aborder sans avoir l'air trop bête. Nous étions au milieu de la foule lorsque je me suis retrouvée entre elle et Timothy Dalton, notre dernier James Bond, je jubilais, éblouie : « James Bond me fait le passage. » Dans la salle du dîner, loin de la foule, Nastasja me dit : « Je t'adore, je trouve que tu es formidable. » Je reste sans voix : « Attends, on ne va pas renverser les rôles, parce que c'est moi qui cherchais comment dire quelque chose de pas banal... » Et c'est elle qui vient vers moi. Elle dit qu'elle me trouve super. Ce n'est pas du cinéma, parce qu'elle n'est pas obligée de le dire – ceux qui ne m'aiment pas se taisent –, elle n'est pas une amie, pas même une relation, mais ça fait du bien même si ce n'est que momentané.

Frédéric Mitterrand que je rencontrais pour la première fois a fait de même... Je suis d'autant plus touchée que la reconnaissance vient de gens que j'aime et qui me disent « bravo ». Pour moi, c'était le témoignage que des gens savaient que je n'avais pas dévié de ma route, que je m'étais fixé une voie et que j'arrivais à la suivre. On ne se disait pas : « C'est la naine comique », mais : « Bravo, super, on est content pour vous. »

Je suis très sensible. On a besoin d'être reconnue par les anonymes mais aussi par ses pairs.

La reconnaissance des gens du métier est importante surtout lorsque ces mêmes professionnels vous ont longtemps ignorée. Je ne leur apporte rien, ils ne m'apportent rien, mais nous faisons le même métier. Au mois de janvier dernier, beaucoup d'Américains, Jerry Schatzberg qui a fait *L'Ami retrouvé, L'Épouvantail,* entre autres, Terry Gilliam, un des *Monthy Python* qui a connu le succès que l'on sait, et dont le dernier film est *Fisher King,* des grands, ont participé au festival de Gérardmer. Il avait lieu pour la première fois dans cette petite ville des Vosges. Personne ne les reconnaissait mais, en revanche, les gens hurlaient : « Mimie, Mimie... » Ils étaient obligés de me pousser dans la voiture pour me soustraire à la foule. C'était très peu de temps après la diffusion de la *Nounou.* Ils se sont renseignés pour savoir qui était cette petite personne qui déchaînait les foules.

Nous avons passé une semaine merveilleuse à rire, à discuter et à voir des films. Je suis allée vers eux parce que nous étions sur la même longueur d'ondes. Jerry Schatzberg est devenu un ami. Lorsque nous nous sommes séparés le dernier jour, il m'a dit qu'il pensait à moi pour un rôle dans le film qu'il préparait à partir de l'adaptation d'un livre. Je n'ai rien fait, je n'ai pas magouillé, c'est simplement parce qu'il m'avait vue vivre, rire, être, qu'il me proposait quelque chose. Et c'est fabuleux. C'est peut-être un pied dans le Nouveau Monde. Même si cela ne se faisait pas, je suis heureuse.

J'ai passé une semaine à New York au printemps dernier, chez sa femme et lui. Cela fait partie des grandes rencontres et des êtres qui font du bien, qui me prennent telle que je suis et qui respectent mon choix de carrière et de rôles. Ils découvrent petit à petit qu'un nain n'est pas forcément celui qui tient l'emploi du méchant et du difforme.

Si je reviens en arrière, je mesure que chaque fois je suis partie avec des garde-fous. Les rencontres capitales se sont succédé, l'une prenant la relève de l'autre. Fugain la confiance, l'apprentissage, Jean-Claude Martin qui m'a poussée à faire le premier one-woman show, puis Bouvard qui m'a permis de me montrer telle que je voulais être, ce qui n'était pas évident, John Persenda, enfin Jean-Claude Camus, mon producteur, toujours présent. Je ne voulais qu'un producteur, lui. C'est un monsieur profondément humain et honnête. Il a une vraie délicatesse, des attentions, et il est efficace. C'est un confort de travailler avec lui. Il a une sensibilité aussi exacerbée que celle des artistes. Un différend professionnel nous a séparés quelques mois. Je savais que notre querelle n'était pas grave, que nous ne pouvions pas en rester là et que nous devions nous retrouver. Au bout d'un an, il a craqué. « Je capitule. » Nous avons reparlé... et aujourd'hui, nous travaillons de nouveau ensemble. Gilles Merle, mon adorable agent pour le cinéma dont j'ai déjà parlé et qui depuis plusieurs années me fait confiance, persuadé que j'y parviendrai... à mon oscar !

Ce sont les hommes de ma vie professionnelle. Ils sont toujours présents, je vois moins certains d'entre eux, mais ils existent toujours pour moi.

Hors de mon milieu professionnel, j'admire des personnalités, dans tous les domaines, humanitaires, scientifiques... ceux dont la préoccupation majeure est l'Homme.

J'aimerais rencontrer Bernard Kouchner. Il essaie de mobiliser les gens sur les grandes causes sans jouer le misérabilisme. Il agit. On lui reproche souvent la médiatisation excessive qui l'entoure. Moi, ça ne me gêne pas. On a beaucoup parlé du fameux sac de riz qu'il a déchargé lui-même devant les caméras lors de l'opération menée par les enfants pour la Somalie... qui avait certes un côté hollywoodien, mais si l'effet est bon, à partir du moment où la forme n'est pas trop dégueulasse, pas trop pute, tant mieux. Je le comprends. C'est une opération qu'il avait menée et qui avait réussi, c'était un bonheur pour lui, il l'a vécue jusqu'au bout.

Sœur Emmanuelle me fascine également, elle concilie la joie de vivre et l'humour, elle est vivante, radieuse. J'espère la rencontrer un jour. Et puis, elle oblige à se poser des questions. Lorsqu'on s'interroge : « Est-ce que cela vaut le coup que je le fasse, n'est-ce pas qu'une petite goutte dans l'océan de la détresse humaine ? », elle témoigne que ce sont ces petites gouttes qui font avancer le monde. Il est important que des gens comme elle, comme mère Thérésa, comme l'abbé Pierre y croient. Grâce à leurs actions, il y a dix ou cent mille personnes qui ne meurent pas. Le témoignage que portent ces gens-là remet les choses en place. Vivre prend un sens, là. Nous vivons sans nous en rendre compte, avec beaucoup d'à-côtés. Pour ceux qu'ils secourent, un jour de gagné, c'est un jour de vie en plus.

Dans quelques années, je l'ai dit, j'espère m'ouvrir sur autre chose, j'aurai fait le tour de mon métier... Aujourd'hui, je ne suis pas prête. La vie décidera. J'ai fait un choix que je n'ai pas envie d'abandonner pour l'instant et j'aime les gens qui partagent ma vie.

Peut-être n'arriverai-je jamais à tout larguer et à partir ?

Je ne comprends rien à la science, mais lorsque je vois ces professeurs Tournesol, les cheveux en bataille, mal fringués, des salaires de misère au regard de ceux des comédiens, je les admire profondément. Ils font faire des pas de géant à l'humanité, et en même temps, ils sont humbles et simples, souvent ce que nous ne sommes pas... et d'une grande générosité. Ce sont de grands hommes.

Dans ma vie personnelle, l'homme fondateur est mon père. J'ai un profond respect et un grand amour pour lui. Je ne ferais rien d'important sans lui en parler, mais cela ne m'empêcherait pas d'agir s'il était d'un avis opposé après avoir essayé de le convaincre du bien-fondé de ma décision. Nous vivons des échanges. Nous sommes deux adultes l'un en face de l'autre avec ce que nous nous apportons chacun. Je sais que mes sœurs et moi pouvons compter sur lui quoi qu'il advienne. Mes parents sont fabuleux parce qu'ils s'adaptent à tout. Ils sont beaucoup plus cools aujourd'hui parce qu'ils sont rassurés. Ils savent que « leur » grande, comme ils m'appellent, est bien dans sa peau.

Mais les hommes de ma vie ne sont pas à l'image de mon père, je n'essaie pas de le retrouver à travers eux, il n'est pas pour moi l' « homme idéal », mais le père idéal.

Chaque fois qu'on fait un pas, il se passe quelque chose.

Aujourd'hui, je suis moins naïve. Je prends ce qu'il y a à prendre et ce qui ne me correspond pas, je le laisse. Je me protège. Mais en revanche, il y a des portes qui s'ouvrent, des rencontres fabuleuses. Je n'abandonne pas pour autant les amis plus anciens, au contraire. Ce sont des rencontres qui rechargent les batteries. Elles élargissent l'horizon et nourrissent les relations avec les autres. C'est à l'image d'un appartement tout en couloirs. On ouvre sans arrêt, on casse les murs et on ramène tout à soi : « Tiens, je ne connaissais pas, c'est génial », ou « Berk et on referme ».

La vie est belle. Il faut profiter de tous les bons moments, s'en créer, les vivre intensément, partager, aimer, rire, pleurer aussi, hélas, et cela peut avoir du bon.

Vivre, pour moi, c'est un mélange de verbes. Je mettrais en premier partager parce que dans le partage, il y a l'amour, l'amitié. Partager les bonheurs et les malheurs. On peut provoquer, on peut subir, mais en tout cas, on partage. C'est la vraie vie.

Je ne veux plus perdre de temps. La mort d'Yvan a relativisé beaucoup de choses.

Le temps nous est compté à tous. On sait qu'on perdra ses parents un jour. J'ai peur de la mort qui rôde autour des gens âgés qui m'entourent, j'ai encore tant de choses à faire avec eux. Mon grand-père est parti en novembre 1993, et puis un jour ce sera ma grand-mère, les oncles, les tantes... je ne le veux pas. La mort brutale du père de mon amie Babeth, c'est une page qui s'est tournée. On n'aura jamais plus les Noël d'autrefois que nous passions tous ensemble.

Je ne peux pas tolérer qu'on se fasse la gueule pour une connerie, ou bien c'est qu'on n'a définitivement plus rien à se dire et alors, c'est autre chose. Il faut refuser de se fâcher pour des broutilles, un dîner manqué alors qu'on a présenté des excuses : « Attendons un peu pour se revoir, laissons passer le temps... » Non, attendre quoi ? que l'un soit sur un lit d'hôpital, l'autre mort brutalement ?

Yvan et moi nous sommes quittés un soir sans un geste de tendresse, sans nous faire la bise. C'était en 1986 au moment des attentats. Nous nous étions engueulés pour une connerie. J'ai entendu, en rentrant chez moi, qu'il y avait eu un attentat à la galerie Point-Show. C'était là qu'Yvan prenait ses T-shirts pour les enregistrements et je savais qu'il devait y passer quand nous nous étions quittés. Pendant une heure, ça a été l'horreur. On annonçait des victimes. J'ai pensé : « Ce n'est pas possible, pas ça, nous nous sommes séparés sans un mot... et peut-être qu'il est mort ou blessé. » Il m'a appelée dès qu'il a pu le faire : « Je n'ai rien, ne t'inquiète pas. L'explosion a eu lieu avant que j'arrive. » Je lui ai dit : « On ne se quittera plus jamais en s'engueulant. »

Lorsqu'on a quelque chose sur le cœur, disons-le et passons à la suite. Sauf si c'est quelqu'un qu'on déteste : « Tant pis, il est mort, bien fait pour lui. » Mais ne partons jamais sur un froid avec quelqu'un qu'on aime.

Il ne faut pas remettre au lendemain les paroles de réconciliation.

Il ne faut pas gâcher l'amitié, ne pas gâcher les bons moments par des paroles qui tuent, des paroles qui dressent des murs entre soi et les autres, surtout quand on a vécu des moments terribles comme la mort.

Il y a une urgence à profiter de ceux qu'on aime, à dire les mots de la tendresse, de l'amour, à témoigner.

Aujourd'hui, je suis beaucoup plus forte, j'ai plus d'amis, je suis plus entourée, plus tolérante, plus ouverte je l'espère qu'il y a dix ans.

Je suis bien avec moi-même. Non pas que je ne l'étais pas, mais je suis en osmose avec mon enveloppe. J'ai trouvé un point d'équilibre que j'aime et qui me va. Ce sera parfait le jour où j'aurai rencontré quelqu'un de vrai et qui voudra bâtir avec moi. L'échange ne peut avoir lieu, et j'en suis de plus en plus convaincue, que s'il y a une vérité en face. Si quelqu'un n'est pas sincère, n'a pas la sincérité de lui-même, de ce qu'il est, rien ne passe. Je ne parle pas de vérité, qui n'existe pas en soi, mais qui se forge et qui évolue au fil des rencontres.

Je ne pense pas être inutile. Si au bout de mon parcours, on inscrivait « a appris aux gens à respecter la différence », n'y aurait-il que cela, je serais heureuse. Si je réussis à ouvrir des yeux et à faire réaliser aux gens qu'une différence n'est pas forcément une tare, au contraire, tout ce pour quoi je me bats depuis dix ans, ce serait bien. Mais je pourrais faire plus. On peut tous faire plus.

Rien n'est grave, sauf la maladie et la mort.

Il n'y a rien de plus important dans la vie que les gens et rien de plus urgent que de les aimer et de le dire.

Crédits du cahier photos

pp. 1, 2, 3, 4 : Archives personnelles Mimie Mathy

p. 5 : Archives personnelles Mimie Mathy
J.-F. Rault / Kipa

p. 6 : N. Quidu / Kipa
N. Quidu / Kipa

p. 7 : P. Guis / Kipa
J.-P. Guilloteau / Kipa

p. 8 : C. Cabrol / Kipa

p. 9 : P. della Zuana / Kipa
E. Fougere / Kipa

p. 10 : Kipa
J. Loew / Kipa

p. 11 : J. Demarthon / Kipa

p. 12 : J.-L. Atlan / Regards
Archives personnelles Mimie Mathy

p. 13 : Archives personnelles Mimie Mathy
Manuelle Toussaint / Sipa Press

p. 14 : C. Cabrol / Kipa
Archives personnelles Mimie Mathy
P. Victor / Stills

p. 15 : Morell / Kipa

p. 16 : Lefranc-Baverel / Kipa

Impression réalisée sur CAMERON par
BRODARD ET TAUPIN
La Flèche

pour le compte des Éditions Carrère

Imprimé en France
Dépôt légal : 3610, octobre 1994
N° d'édition : 94186/30055 – N° d'impression : 1768 K-5
23-01-7019-01/5
ISBN : 2-01-237019-5